Expedition Franz Josef Land

In der Spur der Entdecker nach Norden

Christoph Höbenreich

Frederking & Thaler

Inhalt

Vorwort 08
Mythos Arktis –
Geheimnis Franz Josef Land 10

Die österreichisch-ungarische Nordpolarexpedition 1872 – 1874

Nordostpassage 14
Vorbereitungen 16
Die Schrecken der Polarnacht 21
Die Entdeckung 24
Die Schlittenreisen 28
Rückzug 36
Ergebnisse 42

Die Payer-Weyprecht-Gedächtnisexpedition 2005

Geträumtes Paradies	50
Polarnacht	55
Hartnäckigkeit und Diplomatie	58
Überzeugungsarbeit	59
Wer kommt mit?	60
Reise nach Franz Josef Land	68
Das einsame Grab	74
König der Arktis	86
Kap Tegetthoff	92
Austria-Sund	95
Funny Hour	105
Die Beinahekatastrophe	108
Am Kap Tirol	111
Die Besteigung des Kaps	118
Wasserhimmel und Polynjas	130
Anwandeln an der Insel Rainer	138
Der heimtückische Sund	140
Sind wir am Ende?	143
Kap Schrötter	145
Rückflug	153

Rückkehr in den arktischen Sommer

Die Fahrt mit der *Kapitan Dranitsyn*	167
Naturschutz und Polartourismus	168
Im Zeichen der Klimaerwärmung	174
Franz Josef Land – ein Weltnaturerbe?	177

Daten und Fakten

Die Hauptakteure der beiden Expeditionen	182
Chronologie der Entdeckung Franz Josef Lands	184
Zum Weiterlesen	188
Dank	190

Vorwort

Österreich war besonders im 19. Jahrhundert ein Land der Pioniere, Entdecker und der Experimentierfreude sowie reich an technologischen Erfindungen und wissenschaftlichen Erkenntnissen. Forscher drangen in viele bislang unbekannte Regionen vor, und so auch in die nördlichen Polargebiete unserer Erde. Österreichisch-ungarische Wissenschaftler fanden eine arktische Inselwelt und nannten sie »Franz Josef Land«. Diese von Julius Payer und Karl Weyprecht geführte Expedition im Nördlichen Eismeer zwischen 1872 und 1874 ging in die Geschichte der Polarforschung ein, und heute verdanken wir diesen mutigen Menschen viele meteorologische und geografische Erkenntnisse und Beobachtungen. Dieser explorative Geist unseres Landes ist ungebrochen, und im Jahr 2005 gelang es, eine Payer-Weyprecht-Gedächtnisexpedition zu initiieren und erfolgreich durchzuführen.

Mein Dank und meine Anerkennung gelten vier Forschern aus Österreich und Russland, die sich erneut in die Region um den Nordpol aufmachten, um auf den Spuren der historischen Entdecker neue Erkenntnisse zu gewinnen und einer breiten Öffentlichkeit zur Verfügung zu stellen. Christoph Höbenreich als Expeditionsleiter hat gemeinsam mit Robert Mühlthaler und den erfahrenen russischen Polarforschern Viktor Bojarski und Nikita Ovsianikov das Wagnis unternommen und nun seine Erfahrungen und Ergebnisse in einer großartigen Dokumentation vorgelegt. Der Bildband »Expedition Franz Josef Land – In der Spur der Entdecker nach Norden« zeigt nicht nur Expeditionsmut und Forschersinn im Rahmen einer höchst bemerkenswerten österreichisch-russischen Zusammenarbeit, sondern auch die grandiose Naturkulisse im Nördlichen Eismeer.

Der österreichische Bundespräsident
Dr. Heinz Fischer und der stellvertretende
Präsident der Duma Dr. Artur Chilingarov
in Wien

Ich freue mich über den prächtigen Bildband, konnte ich doch schon all jene Menschen in den Räumen der Präsidentschaftskanzlei begrüßen, die in der einen oder anderen Weise mit der Expedition verbunden waren. Die Payer-Weyprecht-Gedächtnisexpedition gibt ein großartiges Beispiel internationaler Kooperation von Forschern und ermöglicht es darüber hinaus, in eine atemberaubende Natur Einblick zu nehmen. Das Buch zeigt uns, dass wir darum kämpfen müssen, auch weit entfernt von unserer täglich erlebten Umwelt, die Natur in globalen Bemühungen zu schützen und zu erhalten.

Ich möchte es nicht versäumen, an dieser Stelle auch Präsident Wladimir Putin zu danken, der auf meine spezielle Bitte hin seine persönliche Zustimmung zu diesem gemeinsamen österreichisch-russischen Forschungsprojekt gegeben hat, für das ich damals, im Jahr 2005, auch gerne den Ehrenschutz übernommen habe. In einer für Russland sehr wichtigen Region wurde als Beweis wechselseitigen Vertrauens zusammengearbeitet und gemeinsam geforscht. Ich danke dem Team für das großartige Engagement über alle nationalen Grenzen hinweg und wünsche allen Leserinnen und Lesern viel Freude und Spannung bei der Lektüre dieses bemerkenswerten und eindrucksvoll gestalteten Bildbandes!

Dr. Heinz Fischer
Bundespräsident der Republik Österreich

Mythos Arktis – Geheimnis Franz Josef Land

Der erste Buchstabe dieses Buches ist noch nicht getippt, da streift mein Blick bereits aus meinem Arbeitszimmer durch das weit geöffnete Fenster hinaus, über den verschneiten Kirchturm von Thaur hinweg bis in das Stubaital und bleibt erst am Horizont am mächtigen Sonklarspitz hängen. Im Morgenlicht der tief stehenden Wintersonne lässt ein eiskalter Nordwind zarte Pulverschneefahnen von seinem breiten Gipfel, einem der höchsten Dreitausender der Stubaier Alpen, tanzen.

Diese geradezu arktische Szenerie richtet meine Gedanken auf den gewaltigen Sonklar-Gletscher, den Julius Payer am 13. März 1874 auf der Insel Hall in Franz Josef Land entdeckte. Dabei werden Erinnerungen an die vier Polarexpeditionen lebendig, die mich in den vergangenen Jahren zu diesem geheimnisumwitterten Archipel nahe dem Nordpol führten. Träume von einer bizarren, auf den ersten Blick lebensfeindlichen, aber immer wieder bezaubernden Welt werden wach. Es ist eine Welt, in der Raum und Zeit dem Leben neue Maßstäbe geben. Ich schließe die Augen. Die Bilder in meinem Kopf sind frisch. Und einige werden wohl lebenslang farbecht und tiefenscharf bleiben: wie die vom Kap Tirol, dessen Basalt dunkelrot in der Mitternachtssonne brannte und weithin sichtbar über die Inseleiskappen und die Eiswüsten des erstarrten Austria-Sunds aufragte. Jetzt, zum Jahreswechsel, herrschen dort bereits finstere Polarnacht und Temperaturen unter −40 °C. Auf einmal ist es, als spürte ich wieder eine Brise dieser glasklaren Luft in den Lungen – und einen Hauch der polaren Ruhe.

Die Arktis ist ein Mythos, Franz Josef Land ein Geheimnis. Der erste Kontakt mit den jahrzehntelang gesperrten und damals erst kurz zuvor für ausländische Forscher geöffneten Inseln war mir im Sommer 1993 gleich mehrere Monate lang vergönnt. Als Alpinist nahm ich an den großen Filmexpeditionen des ORF »Universum Arktis Nordost« teil. 1994 folgte mit der anschließenden Filmexpedition im Polarwinter eine ganz außergewöhnliche Erfahrung. Im Frühjahr 2005 konnte ich dann nach jahrelangen Verhandlungen und Vorbereitungen mit der »Payer-Weyprecht-Gedächtnisexpedition« meinen größten Traum erfüllen und Franz Josef Land mit Ski und Pulka-Schlitten auf den Spuren der Entdecker durchqueren. Und 2006 durfte ich als Lektor an Bord des Eisbrechers *Kapitan Dranitsyn* noch einmal die Inselgruppe bereisen, auf der ich insgesamt ein halbes Jahr verbracht habe.

Der Blick zu den
Stubaier Alpen
mit dem Sonklarspitz

Der Sonklarspitz in den Alpen und der Sonklar-Gletscher in der Arktis – hier wie dort festgehaltene Erinnerungen an jene glanzvolle Epoche der Erforschung alpiner und polarer Welten durch kühne Pioniere, die sich durch Wissenschaftlichkeit, Wagemut und Abenteuergeist gleichermaßen auszeichneten. Karl Weyprecht und Julius Payer waren aus ebensolchem Holz geschnitzt. Die beiden k. u. k. Offiziere entdeckten zwar nur durch eine glückliche Laune der arktischen Natur eine der Weltöffentlichkeit bislang unbekannte Inselgruppe, die sie zu Ehren von Kaiser Franz Joseph I. benannten. Herausragend aber war, dass sich die österreichisch-ungarische Nordpolarexpedition von 1872 bis 1874 bereits mit ihrem Expeditionsziel, das Eismeer nach Nordosten hin zu erkunden, bewusst weit über die Grenzen der bekannten Welt hinauswagte, ohne dabei die Gewissheit zu haben, je wieder in diese zurückkehren zu können. Angesichts der latenten Todesgefahr sind die Entbehrungen der Mannschaft und die Willensstärke Julius Payers, Franz Josef Land im Frühjahr 1874 sogar noch zu durchqueren, zu besteigen und zu erforschen, noch heute unfassbar.

Die Erlebnisse, sich der arktischen Wildnis auszusetzen, kann unser Expeditionsteam, bestehend aus zwei Österreichern und zwei Russen, im Jahr 2005 mit Ski und Pulkas hautnah nachfühlen. Dabei richtet sich in einer Zeit, in der es keine gänzlich unbekannten Polarregionen mehr gibt, der Blick des Reisenden nicht mehr nach vorn auf das Unerforschte, sondern vielmehr zurück auf die Pioniere. Die »Payer-Weyprecht-Gedächtnisexpedition« möchte die Leistungen von Julius Payer und Karl Weyprecht in Erinnerung rufen und so den Geist jener Pioniere weiterleben lassen. Unser Hauptinteresse gilt dabei Payers abenteuerlichen und wagemutigen Schlittenreisen durch Franz Josef Land. Und wenn auch mit moderner Ausrüstung, ausgereifter Technologie und heutigem Wissen unsere Entbehrungen und Risiken mit denen der Entdecker längst nicht mehr vergleichbar sind, die Kräfte und Gefahren der Natur in den polaren Grenzräumen unseres Planeten sind immer noch die gleichen. Mit den authentischen Erfahrungen wachsen Hochachtung vor den Ideen der Entdecker, Ehrfurcht vor den Leistungen der Neulandsucher und aufrichtige Bescheidenheit – um das pathetische Wort Demut nicht zu strapazieren – vor der Wildheit, Schönheit und Unberührtheit Franz Josef Lands, dem Juwel der Arktis.

Ich widme dieses Buch in Liebe meinen Söhnen Timo und Daniel.

Die österreichisch-ungarische Nordpolar-expedition 1872–1874

Julius Payer
Expeditionsleiter
zu Lande

Karl Weyprecht
Expeditionsleiter
zur See

Gustav Brosch
Schiffsleutnant

Dr. Julius Kepes
Expeditionsarzt

Eduard Orel
Schiffsfähnrich

Johann Haller
Bergsteiger und Jäger

Alexander Klotz
Bergsteiger und Jäger

Nordostpassage

Die Erforschung des Nördlichen Eismeeres hatte einen praktischen Sinn. Indien und China waren seit Langem die Traumziele europäischen Unternehmergeistes. Um die spanisch-portugiesische Vorrangstellung im Indienhandel ohne Krieg brechen und die beschwerliche Überlandroute durch den Mittleren Osten umgehen zu können, wollten die beiden protestantischen Seemächte der Nordsee, England und Holland, nach Alternativrouten außerhalb der katholischen Interessensphären suchen. Nach Ansicht der Kosmografen des 16. Jahrhunderts könnte eine Wasserstraße von Europa nach Nordosten entlang der Nordküste Sibiriens einen Zugang zu den Reichtümern der verheißungsvollen Wunderwelt Südostasiens bieten. So segelten viele Seefahrer auf der Suche nach Ruhm in die Arktis. Doch selbst im ausgehenden 19. Jahrhundert war das jahrhundertelange Ringen noch immer nicht erfolgreich. Weder eine schiffbare Nordwestpassage entlang der nordamerikanischen noch eine Nordostpassage entlang der sibirischen Küste war gefunden worden. Die Seekarten zeigten im höchsten Norden nur leere Flächen und Seeungeheuer.

In Mitteleuropa weckte August Petermann die Hoffnung, von Norwegen aus auf den Ausläufern des warmen Golfstroms weit nach Nordosten, womöglich sogar in ein offenes Polarmeer vorstoßen zu können. Mit Eifer wurde 1871 eine Kundfahrt organisiert, auf der Karl Weyprecht und Julius Payer bis in die nördliche Barentssee vordrangen. Die *Isbjörn*-Expedition fand überraschenderweise großteils eisfreie Gewässer vor, was der Theorie des Geografen und Visionärs aus Gotha weiteren Auftrieb gab. Schon im Jahr darauf startete dann die ambitionierte österreichisch-ungarische Nordpolarexpedition. Ihr Ziel war die Erforschung der unbekannten Meeresteile und Länder nordöstlich von Nowaja Semlja. Bei günstigen Eisverhältnissen sollte eine Durchfahrt bis in die Beringstraße gefunden und die Rückkehr auf demselben Weg angestrebt werden. Auf höhere Breiten sollte, wie Julius Payer betonte, »erst in zweiter Linie und unter besonders günstigen Umständen reflektirt werden. Ein Versuch gegen den Nordpol selbst darf nur gewagt werden, wenn die Erreichung der Bering-Straße innerhalb des gegebenen Zeitraumes von zwei Wintern und drei Sommern als nahezu gesichert erscheint.« Die Durchfahrt durch das Eismeer bis in den Pazifik war »das Allerwenigste also, was die Expedition auszuführen den Wunsch hat«. Das offizielle Reiseziel im amtlichen Reisepass der »Nordpolfahrer«, wie sich die Expeditionsmitglieder prestigeträchtig nannten, hieß dann auch vielversprechend: »Nordpolländer«.

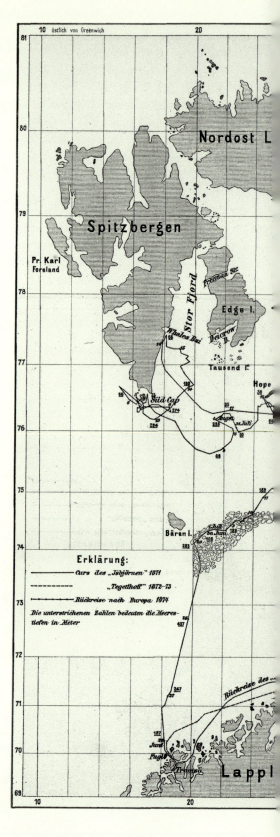

Die österreichisch-ungarischen Expeditionen unter Karl Weyprecht und Julius Payer in der Barentssee: die Fahrt der *Isbjörn* nach Spitzbergen (1871), die Fahrt und Drift der *Tegetthoff* nach Franz Josef Land (1872/1873) und die Rückreise mit Schlittenbooten nach Europa (1874)

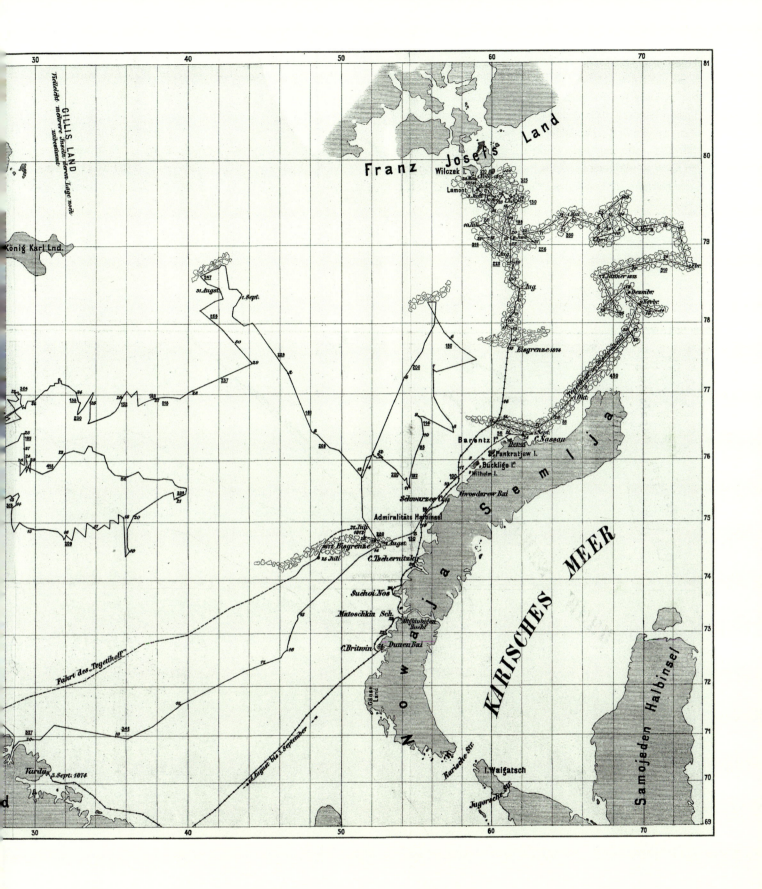

Vorbereitungen

Das Expeditionsschiff wurde bei der berühmten Tecklenborg-Werft in Bremerhaven speziell für die Verhältnisse der Polarschifffahrt gebaut und nach dem 1871 verstorbenen Admiral der k. u. k. Kriegsmarine und Helden der Seeschlacht von Lissa, Wilhelm von Tegetthoff, benannt. Der Rumpf der *Admiral Tegetthoff* wurde verstärkt und hatte eine gerundete Form, wodurch das Schiff bei Eispressungen wie eine Olive zwischen zwei Fingern nach oben gedrückt werden sollte – und wurde. Der Dreimastschoner war 34 Meter lang, sieben Meter breit und besaß eine Dampfmaschine von circa 100 PS Leistung. Im Vergleich dazu sind die modernen Eisbrecher geradezu gigantisch: Die dieselbetriebene *Kapitan Dranitsyn*, mit der ich 2006 nach Franz Josef Land fuhr, ist 134 Meter lang und 24 000 PS stark. Im Winter 1994 brachte oder besser gesagt brach uns gar ein 152 Meter langer und 44 000 PS starker Koloss, der Atomeisbrecher *Tajmyr*, in tagelanger Arbeit durch meterdickes Packeis bis zum Archipel. Und die ebenfalls atombetriebene *Yamal*, die uns 1993 auf Franz Josef Land zur Verfügung stand, ist mit ihren 75 000 PS einer der stärksten Polareisbrecher der Erde.

Wie die modernen Eisbrecher, so wurde auch die *Tegetthoff* nach den letzten Erkenntnissen der Eismeerschifffahrt gebaut. Es wurden 130 Tonnen Kohle und Vorräte für eine Reise von dreijähriger Dauer gebunkert. Weyprecht ließ all sein nautisches Wissen in die Konstruktion und Ausstattung der *Tegetthoff* einfließen. Und Payer tüftelte und verbesserte die Polarausrüstung. Er empfahl Details, die sich auch heute noch bestens bewähren, wie große Knöpfe, die man mit Fäustlingen bedienen kann, helmartig gestrickte Hauben und ein breites Nasenband aus Flanell, welches an der Kapuze eingeknöpft wird. Denn Payer wusste bereits, was heutige Hightech-Ausrüster oft nicht beachten: »Gesichtsmasken mit Ausschnitten für Nase und Mund sind von geringem Werth, weil sie binnen wenige Stunden völlig vereisen.« Die Ausrüstung für die Landexkursionen, die während der Nordpolexpedition geplant waren, war zwar die modernste der damaligen Zeit. Sie war jedoch schwerfällig und aus heutiger Sicht geradezu primitiv im Vergleich zu dem Material, das wir moderne Polargeher verwenden können. Damals: ein schwerer Kufenschlitten aus Holz, ein Baumwollzelt mit Kautschukboden, eine »Spirituskochmaschine« aus Eisenblech (ein Vorgänger des später als »Nansenkocher« berühmt gewordenen Gerätes), ein gemeinsamer Mannschaftsschlafsack aus Büffelfell, biegsame und mit einer starken Filzplatte gesohlte Segeltuchstiefel, Schafwollleibchen, Tuchhemden und Pelzjacken sowie ein einfacher Marschkompass, Bleistifte und Skizzenblöcke. Heute: Pulka-Schlitten aus Kunststoff, Ski und Skistöcke, sturmfeste Kuppelzelte aus Kunststoff, mit gereinigtem Benzin betriebene Hochleistungskocher, kuschelige Kunstfaserschlafsäcke, steigeisenfeste Bergschuhe, schnell trocknende Funktionsbekleidung, leichte Daunenjacken sowie digitale Kameras, Satellitennavigationsgeräte und Satellitentelefone.

Karl Weyprecht und Julius Payer bereiteten die Expedition mit größter Professionalität, wie man heute sagen würde, vor. Zwei geniale Offiziere, und doch in ihrem Wesen schon von Anfang an völlig verschieden. In der Gefangenschaft des Eises kühlte das Verhältnis der beiden dann auf Umgebungstemperatur ab: Zu unterschiedlich waren ihre Temperamente, aber auch Ziele. So hatten sie es dann auch im Eis nicht immer leicht miteinander. Folgte die Taktik Weyprechts der Tradition klassischer Schiffsexpeditionen aus dem vorangegangenen Jahrhundert, so stand die Technik der Schlittenreisen Payers erst am Beginn einer neuen Ära polarer Entdeckungsreisen. Sie sollte richtungsweisend für die nachfolgenden Unternehmungen zur Eroberung des Nordpols sein. Selbst die Expeditionsziele der beiden Offiziere divergierten. Für den 34-jährigen Karl Weyprecht, den Kommandanten der *Tegetthoff* und sachlichen Naturwissenschaftler, hatte die Expedition in die Arktis andere Ziele als das Erreichen des Nordpols, das wissenschaftlich nicht so wichtig war. Nicht Anerkennung suchte er, sondern Erkenntnis. Die Nordostpassage war, wenn sie sich als regelmäßig befahrbar erweisen würde, von handfester wirtschaftlicher Bedeutung, da sie den Seeweg nach Ostasien deutlich verkürzen würde. In seiner nüchternen Seemannsart war Weyprecht eine ideale Ergänzung zum Landoffizier Payer mit seiner Künstlerhand, seinem Schriftstellertalent und seiner Begeisterung für Berg und Eis. Der 31-jährige Julius Payer, der Kommandant der Landreisen, war ein leidenschaftlicher Entdecker und Alpinist. Er wollte aktiv sein, erobern, unbekannte Gebiete betreten. Die Gegensätzlichkeit der beiden ergänzte sich aber letztlich doch ideal, wie Ausgang und Ertrag ihrer Polarexpedition beweisen.

Die beiden Kommandanten rekrutierten ihre Mannschaft mehrheitlich aus »Österreichern«. Und obwohl die »Payer-Weyprecht-Gedächtnisexpedition 2005« die Bedeutung der österreichisch-ungarischen Nordpolarexpedition von 1872 bis 1874 in der Geschichte österreichischer Entdeckungsreisen in Erinnerung rufen möchte, sollte dabei aber nicht übersehen werden, dass sich »Österreich« seither gewandelt hat. Von den insgesamt vierundzwanzig Expeditionsmitgliedern stammte praktisch nur einer aus dem Territorium der heutigen Republik

Die im Eis eingeschlossene *Tegetthoff* vor der Küste Nowaja Semljas

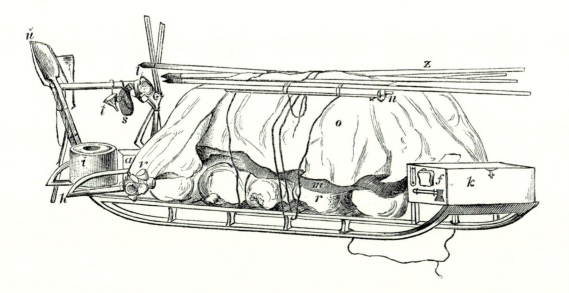

Der belastete Schlitten wog 800 kg:

u Schaufel
h Hundeschlitten
i Kochmaschine
a Spirituskiste
t Trichter
s Gummiflasche
r Proviantsäcke
o Schlittensegel
m Zelt/Schlafsäcke
n Stativ
z Zeltstangen
k Instrumentenkiste
f Feldstecher/Axt/Thermometer

Österreich: der Expeditionskoch Johann Orasch, ein gebürtiger Grazer mit – so lässt sein Name schließen – ungarischen Wurzeln. Der eingebürgerte k. u. k. Österreicher und in Triest lebende Schiffsleutnant Karl Weyprecht war im hessischen Darmstadt geboren. Oberleutnant Julius Payer und Schiffsleutnant Gustav Brosch waren Deutschböhmen, Schiffsfähnrich Eduard Orel, Maschinist Otto Krisch und Heizer Josef Pospischill stammten aus Mähren. Expeditionsarzt Dr. Julius Kepes war Ungar. Für die arktischen Landreisen warb Payer die beiden gletschererfahrenen Tiroler Bergsteiger und Jäger Johann Haller und Alexander Klotz aus dem Passeiertal im heutigen Südtirol an. Und Bootsmann Pietro Lusina, Zimmermann Antonio Vecerina sowie elf Matrosen mit italienischer oder kroatischer Muttersprache entstammten dem istrianisch-dalmatinischen Küstenland. Als einziger »Ausländer« stieß der norwegische Eismeister, Harpunier und arktiserfahrene Kapitän Elling Carlsen, von Payer und anderen auch Olaf genannt, zur k. u. k. Expeditionsmannschaft. Er hatte sich mit der ersten Umsegelung Spitzbergens 1863 einen Namen gemacht. Weyprecht hatte also ganz gegen die Praxis bisheriger Polarexpeditionen und gegen die Besserwisserei der Kritiker keine nordischen Matrosen, sondern Südländer ausgewählt, von denen die meisten in ihrem Leben noch nie zuvor Schnee und Eis gesehen hatten. Dem Schiffskommandanten war viel wichtiger, dass es gesunde, kräftige und – am wichtigsten – heitere Menschen waren, die auch in ausweglosen Lagen ihre Leichtblütigkeit, ihre unbekümmerte Fröhlichkeit und ihren guten Humor nicht verlieren.

Weyprecht entschied sich bewusst für – unverheiratete – Männer ohne Eiserfahrung, die Anweisungen der Führer strikt befolgen. Payer war ähnlicher Ansicht: »Nicht die Ertragung der Kälte ist der entscheidende Probirstein ihrer Tüchtigkeit, sondern Pflichtgefühl, Ausdauer und Entschlossenheit. Die Gewohnheit lehrt Kälte bald überwinden.« Man hütete sich vor expeditionserfahrenen Teilnehmern, denn die »sind nur zu leicht geneigt, ihre eigenen Erfahrungen denen der Führer gleichzustellen, und beeinträchtigen durch eine gewisse passive Opposition das Grundgesetz einer solchen Expedition, den Gehorsam«. Andere Zeiten, andere Sitten.

Der kulturellen Vielfalt der Mannschaft entsprach auch die der an Bord verwendeten Sprachen und Dialekte. Sie spiegelten das Völkergemisch der Donaumonarchie wider und waren weniger Hindernis als vielleicht sogar ein Glück für den Erfolg der Expedition: Italienisch war Bordsprache, daneben wurden Deutsch, Ungarisch und Slowenisch sowie Südtirolerisch gesprochen. So war die Expedition aus heutiger Sicht ein schönes, historisches Symbol für die Einheit Europas und damit ihrer Zeit weit voraus.

Die Mannschaft der *Admiral Tegetthoff* vor der Abreise 1872 in Bremerhaven (v. l. n. r.):

Hinten:
Giorgio Stiglich
Pietro Fallesich
Vincenzo Palmich
Giuseppe Latkovich
Antonio Lukinovich
Giacomo Sussich
Francesco Lettis
Antonio Scarpa
Josef Pospischill

Mitte:
Antonio Vecerina
Pietro Lusina
Dr. Julius Kepes
Gustav Brosch
Karl Weyprecht
Julius Payer
Eduard Orel
Otto Krisch
Antonio Zaninovich

Vorne:
Alexander Klotz
Johann Haller
Antonio Catarinich
Lorenzo Marola
Johann Orasch

Die Expedition war eigentlich kein staatliches Unternehmen im Sinne einer offiziellen k. u. k. Polarexpedition. Sie war der Erfolg einer privaten Initiative abenteuerfreudiger Idealisten und Mäzene. 1872 wurde in Wien ein Verein gegründet, der in der ganzen Monarchie Spenden sammelte, z. B. von Kaiser Franz Joseph I., Ministerien, der Armee, dem Hochadel, dem Bildungsbürgertum, von Bankiers und Industriellen, aber auch durch Schulsammlungen und durch Sammlungen bei »kleinen Leuten« von den Sudetenländern bis zur Adria. Johann Graf Wilczek machte sich dabei nicht nur als spendenfreudigster Sponsor, sondern auch als wort- und tatkräftigster Fürsprecher in Adelskreisen besonders verdient. In nur wenigen Monaten gelang es, das Vorhaben zu finanzieren. Goldene Zeiten für Abenteurer! Vorträge der Expeditionsleiter in Wien und den Kronländern entfachten Begeisterung bei allen Ständen und Nationalitäten, die mit großem Enthusiasmus Anteil nahmen. Die Expedition wurde eine Sache des ganzen Vielvölkerreiches.

Am 13. Juni 1872 lichtete die *Tegetthoff* in Bremerhaven die Anker Richtung Nordpolarmeer, um in Terra incognita vorzustoßen. »Rückholversicherung« war nicht nur ein Fremdwort. Weyprecht und Payer verzichteten vielmehr bewusst darauf, im Notfall gesucht und gerettet zu werden, um nicht weitere Menschen in Gefahr zu bringen. Eine mutige Entscheidung, stand doch die Weltöffentlichkeit noch immer unter dem Eindruck der unglücklichen Suchexpeditionen nach der verschollenen Polarexpedition von Sir John Franklin, der sich 1845 auf die Suche nach einer Nordwestpassage gemacht hatte.

An Bord der *Tegetthoff* während einer Eispressung

Die Männer versuchten alles, um das Schiff zu befreien.

Die Schrecken der Polarnacht

Der Kurs der *Tegetthoff* führte zunächst entlang der norwegischen Küste bis nach Tromsø, wo Elling Carlsen an Bord ging. Graf Wilczek richtete mit der *Isbjörn* auf den Barents-Inseln an der Küste Nowaja Semljas ein Notfalldepot für einen Rückzug der Expeditionsmannschaft ein. Am 20. August 1872 trennten sich die beiden Schiffe. Während man im Jahr zuvor in der Barentssee auf besonders günstige Eisverhältnisse getroffen war, geriet die österreichisch-ungarische Nordpolarexpedition auf ihrem Weg nach Nordosten in äußerst widrige Meereisbedingungen. Noch in der Nacht nach der Trennung wurde die *Tegetthoff* am 70. Tag ihrer Reise auf 76° 22' nördlicher Breite manövrierunfähig im Eis eingeschlossen. Alle Anstrengungen, sich mit eigener Dampfkraft oder mithilfe von Eissägen zu befreien, waren vergebens. Ja sogar der Einsatz von Sprengstoff blieb angesichts der Naturgewalten wirkungslos. Mehr als 14 bange Monate lang war die *Tegetthoff* von jetzt an ein Spielball der Eisschollen. Payer notierte in seinen Aufzeichnungen: »Wir waren keine Entdecker mehr, sondern unfreiwillige Passagiere des Eises. Von Tag zu Tag hofften wir, durch Jahre hindurch, auf die endliche Stunde der Befreiung. Zuerst suchten wir sie in Stunden, dann in Tagen und Wochen, dann in bestimmten Jahreszeiten und dem Wandel der Stürme, endlich in der Gunst neuer Jahre. Aber sie kam niemals, diese Stunde.« Die *Tegetthoff* trieb in eine trostlose Eiswüste hinein und sollte kein offenes Wasser mehr sehen.

Am 28. Oktober 1872 verabschiedete sich die Sonne. Die Polarnacht begann mit dem »furchtbaren Triumvirat: Finsterniß, Kälte und Einsamkeit«. Mit den einsetzenden Winterstürmen wurde das Packeis zusammengedrückt, schoben sich die Eisschollen in Pressungen übereinander und türmten sich unter Furcht einflößendem Krachen, Klirren und Dröhnen mehrere Meter hoch auf, was Payer fesselnd beschreibt: »Wie eine Volksmenge bei einem Aufstande, so erhob sich jetzt alles Eis wider uns. Drohend erstanden Berge aus ebenen Flächen, aus leichtem Aechzen entstand ein Klirren, Brummen, Brausen gesteigert bis zu tausendstimmigem Wuthgeheul. Wie unzählige Teufel, aber gekleidet in das Gewand der Unschuld, schreiend, hohnlachend war Alles in Bewegung und Lärm geworden, Schritt für Schritt nahte das Verderben im Zerprasseln der Eisfelder.« Die Mannschaft schlief in voller Kleidung, den persönlichen Rettungssack griffbereit, um im Notfall rasch vom Schiff abzuspringen und sich aus dem langsam alles zermalmenden Chaos auf eine sichere Scholle zu retten. Die Eispressungen versetzten sie über Monate hinweg in Angst und Schrecken. Der Maschinist Otto Krisch schrieb in sein Tagebuch: »Dieses Eisschieben ist abgesehen von der Gefahr, die es unserem Schiff bringt, eine Erscheinung, die ich mir bei weitem nicht so grauenerregend und auf die Nerven so unangenehm einwirkend vorstellte; denn der Anblick der wuchtigen, in-, durch- und übereinanderstürzenden Eisblöcke entzieht sich jeder Vorstellung des Laien und fördert Töne zu Tage, wie ich sie mir schauerlicher und markerschütternder nicht vorstellen konnte.«

Aber schlimmer noch als die manifeste Todesdrohung war – zumindest für Payer und Weyprecht – etwas anderes: die Aussicht, womöglich keines der gesteckten Expeditionsziele zu erreichen. Nicht das Ziel Nummer eins, die Nordostpassage zu erkunden, aber auch nicht Ziel Nummer zwei, einen Vorstoß gegen den Nordpol wagen zu können. Nicht einmal eine klitzekleine Entdeckung schien ihnen vergönnt zu sein.

Nach vier Monaten ging am 16. Februar 1873 die erste Polarnacht für die Mannschaft der *Tegetthoff* zu Ende. Der Augenblick, in dem die Sonne unter einem herrlichen purpurfarbenen Lichtzauber mit ihren ersten Strahlen scheu über den Horizont blinzelte, war ergreifend. Niemand sprach. Wer hätte schon Worte dem Gefühl der Erlösung geliehen, das auf jedem Antlitz leuchtete und sich unbewusst offenbarte »in des einfachen Mannes leisem Ausruf: *Benedetto giornio!*«?

Die Sonne war das einzige Ereignis und Leben in diesem »Reich des Todes«, wie Payer die winterliche Arktis bezeichnete. Noch zu schwach, um mehr als das Gemüt zu erwärmen, war ihre Wiederkehr dennoch ein festliches Ereignis. Zum ersten Mal wieder lag über dem Schnee jener zauberhafte Rosaton, lagen jene langen Schatten, die im hohen Norden selbst der dürftigsten Landschaft ein poetisches Aussehen verleihen. Die Mannschaft maskierte sich lebensfroh zum Karneval. Ein kurioses Bild des Lebens in diesem lebensfeindlichen Eisinferno.

Mit der langsam höher steigenden Sonne keimte auch die Hoffnung auf, dass der Eispanzer das Schiff im Sommer freigeben könnte. Doch das Schiff blieb fest im kalten Griff des Eises. Eine weitere Überwinterung wurde unausweichlich. Während der gesamten Drift führte Weyprecht akribisch wissenschaftliche Messungen und Aufzeichnungen über Position, Wetter, Temperaturverlauf und zoologische Funde durch.

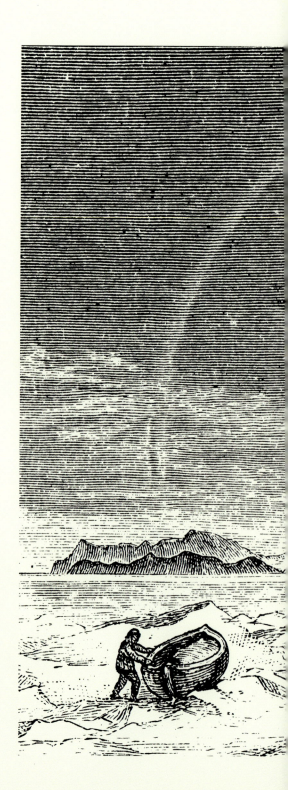

Nebensonnen vor der Küste Nowaja Semljas

Nächste Seite: Payers erste Schlittenreise führte zum Kap Tegetthoff.

Die Entdeckung

Ein denkwürdiger Tag war der 30. August 1873 in 79° 43' nördlicher Breite. Julius Payer hielt den ergreifenden, ja erlösenden Augenblick fest. Der Tag »brachte eine Überraschung, wie sie nur in der Wiedergeburt zu neuem Leben liegt. Es war um die Mittagszeit, da wir über die Bordwand gelehnt, in die flüchtigen Nebel starrten, durch welche dann und wann das Sonnenlicht brach, als eine vorüberziehende Dunstwand plötzlich rauhe Felszüge fern in Nordwest enthüllte, die sich binnen wenigen Minuten zu dem Anblick eines strahlenden Alpenlandes entwickelten! Im ersten Momente standen wir Alle wie gebannt und voll Unglauben da; dann brachen wir, hingerissen von der unverscheuchbaren Wahrhaftigkeit unseres Glückes, in den stürmischen Jubelruf aus: ›Land, Land, endlich Land!‹«

Im Logbuch der *Tegetthoff* vermerkten Weyprecht und Payer: »Nachdem dieses Land vollständig unbekannt ist, wurde ihm von uns der Name ›Kaiser Franz Josefs Land‹ im Beisein der gesamten Schiffsbemannung beigelegt.«

Die gesichtete Berghöhe war das noch 68 Kilometer entfernte, 491 Meter hohe Massiv des Kap Tegetthoff auf der Insel Hall. Die viel näher gelegenen, aber flacheren Inseln Lütke, Salm und Wilczek lagen noch im Nebel verborgen. Als der Dunst sich lichtete, schien deren Küste dann aber zum Greifen nahe. Doch das Treibeis um das Expeditionsschiff war noch zu unsicher, um einen Landgang wagen zu können.

Erst nachdem die *Tegetthoff* am 1. November 1873 näher an die Küste herangetrieben und im Küstenfesteis zum Stillstand gekommen war, war es endlich so weit. Die Dämmerung der frühen Polarnacht, der zweiten für die Mannschaft der *Tegetthoff*, hatte sich bereits über die Arktis gelegt, als Franz Josef Land erstmals betreten werden konnte. Ein kleiner Trupp, angeführt von Julius Payer, stürmte zu den Klippen der nur mehr wenige Kilometer vom Schiff entfernten, von Payer nach dem wichtigsten Förderer der Expedition benannten Insel Wilczek. Endlich wieder festen Boden unter den Füßen! Der war von den einsetzenden Winterstürmen bereits schneebedeckt. Payers Freude war so groß, dass er nicht von der Unwirtlichkeit des noch unbetretenen Landes abgestoßen wurde, sondern vielmehr, wie er selbst schrieb, seine »Erhabenheit und Einsamkeit« genoss. Er

war euphorisch, wohl wissend, »daß es nur Schnee, Felsen und festgefrorene Trümmer waren, die uns umgaben, und daß es kein trostloseres Land auf der Erde geben könne als die betretene Insel; für uns war sie ein Paradies«. Am nächsten Tag hißte Payer dann die österreichisch-ungarische Handelsflagge, ohne das Land aber, ganz entgegen dem imperialen Entdeckergeist des 19. Jahrhunderts und damit erneut seiner Zeit weit voraus, im Namen des österreichischen Monarchen hoheitlich in Besitz zu nehmen.

Payer ließ einen Steinmann errichten. Während eines Segeltörns in die Nordostpassage 1991 fand der deutsche Abenteurer Arved Fuchs in diesem Steinmann neben Glasscherben, Patronenhülsen und Holzteilen auch eine kleine Rolle Papier. Das Bundeskriminalamt in Wiesbaden untersuchte sie mit modernen Analysemethoden und brachte eine Sensation zutage. Anstatt wie jahrzehntelang befürchtet in den Archiven der Sowjetunion verschwunden zu sein, hatte das wohl wichtigste Dokument der Entdeckung Franz Josef Lands nach 118 Jahren tatsächlich noch immer an seinem ursprünglichen Ort gelegen. Auch mit Hilfe des Tagebuchs von Otto Kirsch konnte der Inhalt rekonstruiert werden:

Oesterr. = ungarische arktische Expedition
Yacht Vize = Admiral Tegethoff

Nach unserer Trennung vom Sloop Isbjörnen am 21t August 1872, drangen wir noch 15 Meilen in nordöstlicher Richtung vorwärts, fanden hier das Eis fest geschlossen und blieben in der Nacht vom 21–22t August fest im Packeise auf 76° 27' N. bei 61° 49' O. Gr. Seit dieser Zeit trieben wir je nach der Windrichtung. Vom 13t Oktober bis Mitte Februar brach das Eis imer wieder auf und das Schiff befand sich in fortwährender Gefahr, zerdrückt zu werden. Bis Anfang Februar 1873 trieben wir hauptsächlich in nordöstlicher Richtung und erreichten unseren östlichsten Punkt mit 73° 7' O. Gr. auf 78° 45' N. So lange wir die Küste von Novaja Semlja in Sicht hatten, lag das Eis bis unter Land so dicht, dass ein weiteres Vordringen unmöglich gewesen wäre. Seit Februar d. J. sind wir oberhalb des 79t Breitegrades westlich zurückgetrieben und haben das Ländergebiet, zu welchem dieser Punkt gehört, zum ersten Male am 30t August gesichtet. Wir sind bis zum 80t Breitegrad hinaufgetrieben und haben von da aus in nördlicher Richtung noch eine Fortsetzung des Landes gesehen, die sich bis über den 81t Breitegrad erstrecken dürfte. Gegen West haben wir dasselbe gleichfalls auf etwa 50 Meilen gesichtet. Jetzt liegen wir 3 bis 4 Seemeilen S.S.O.

vom dem Puncte, auf welchem dieses Dokument deponirt ist. Unser weiteres Schicksal hängt gänzlich von den Winden ab, denen gemäß das Eis treibt. Bis jetzt war es uns unmöglich, eine Meeresströmung nach irgend eine Richtung zu constatiren. Mit Ausnahme des Zimmermannes Vecerina ist unser Gesundheitszustand ein befriedigender. Im Frühjahre kamen einige leichtere Fälle von Scorbut, im vergangenen Monate einige hartnäckigere vor; Vecerina ist stark von demselben behaftet, jedoch nicht hoffnungslos.

Das Schiff befindet sich trotz der starken Eispressungen, die es auszuhalten hatte, in vollkommen gesundem Zustande, liegt jedoch derart, daß es sehr fraglich ist, ob wir dasselbe wieder frei arbeiten können. Die Tauchung vorne ist 12', achter 4 ½'. Bis zum Großmaste ist der Kiel frei, unter dem Achtersteven liegt jedoch das Eis 27' dick. Während des Somers haben wir 5 Monate lang vergeblich gearbeitet.

Im Laufe des nächsten Jahres kann es möglich sein, daß mindestens ein Theil von uns das Schiff verläßt. Sollten wir während des Winters in nördlicher Richtung treiben, so wird dieß wahrscheinlich der Fall sein. Ein weiteres Jahr wird die ganze Schiffsbemannung nur dann an Bord zubringen, wenn der Gesundheitszustand im Frühjahre ein vollkommen befriedigender und die Aussicht vorhanden ist, gegen Süden vorwärts zu komen.

Das ganze von uns gesichtete Ländergebiet haben wir gemäß dem Rechte der ersten Entdeckung, mit dem Namen »Kaiser Franz Josefs Land« belegt.

Am 1t November 1873
Julius Payer   Karl Weyprecht

Die zweite Polarnacht brachte nicht mehr die Schrecken der ersten. Die Eispressungen blieben aus. Bewegungslos war die *Tegetthoff* vor der Insel Wilczek auf 79° 51' nördlicher Breite und 58° 56' östlicher Länge im Küstenfesteis eingefroren. Der Dampfschoner diente der Mannschaft als Winterquartier und Observatorium. Während der Polarnacht waren keine weiteren Erkundungen des Landes möglich. Den langen Winter über trainierte Payer die Hunde für die geplanten Schlittenreisen, während Weyprecht die Mannschaft mit immer neuen Aktivitäten aufzuheitern suchte.

Die Aussicht, dass die *Tegetthoff* von selbst wieder freikommen würde, war gering. Und alle befürchteten, dass wohl auch die Versuche, das Schiff im Frühjahr zu befreien, wieder kläglich scheitern würden. Mit Blick auf die schwindenden Vorräte an Limonensaft, die Skorbutkranken und den sterbenden Maschinisten Krisch war allen klar, dass sie eine weitere Überwinterung nicht überstehen würden. Ein dritter Winter im Eis hätte definitiv den Tod bedeutet. Also wählte man den halbsicheren Tod: Am 24. Februar 1874, dem Tag des ersten Sonnenaufganges am Ende der Polarnacht, trafen Weyprecht und Payer die Entscheidung, das Schiff spätestens im Mai zu verlassen und die Expedition zu Fuß nach Süden zu retten. Die einzige Chance zu überleben war, sich von ihrem Heim im Eis aus mit geschobenen und gezogenen Rettungsbooten über das Packeis bis in die eisfreie Barentssee durchzukämpfen. Zuvor jedoch sollte Payer mit einem kleinen Expeditionskorps Franz Josef Land erforschen.

Die Ausrüstung:
gestrickte Hauben, Nasenband aus Flanell, Windschild, Schafwollleibchen, Tuchhemden, Pelzjacken und mit Filzplatten besohlte Segeltuchstiefel

Begeistert stürmte die Mannschaft dem neu entdeckten Land entgegen.

Die Schlittenreisen

Payer konnte nach über eineinhalb tatenlosen Jahren auf dem Expeditionsschiff nun endlich aufbrechen und tun, was er, voll Ungeduld und nach Weite fiebernd, am liebsten tat: seinen alpinen Bewegungs- und Forscherdrang ausleben, gehen, klettern, entdecken und vermessen. Er war aber auch von der Aussicht getrieben, etwas noch nie Dagewesenes zu vollbringen, wofür in der Heimat Ansehen, Ruhm und Ehre zu ernten waren. Nun war er besessen von der Idee, so weit wie möglich in dieses Neuland vorzustoßen. Gleichzeitig verstand der Romantiker es wie kaum ein anderer, neben geografischen Erkenntnissen in seinen Berichten über die Expedition auch seine Emotionen festzuhalten: »Im Bewusstsein, einen Umkreis der Erde zu überblicken, welchen sicher noch nie das Auge eines Menschen geschaut hat, die lautlose Stille der prächtigen Wildniss, durch Nichts unterbrochen, die absolute Verlassenheit, der ernste Anblick eines abgestorbenen Landes, ist ein höheres, feierlicheres Gefühl, allein dazustehen auf dem verwitterten Scheitel eines Berghauptes, als auf den höchsten Zinnen unserer viel bewunderten, aus der üppigsten Kultur aufragenden Alpen.«

Sobald im März, dem kältesten Monat auf Franz Josef Land, wieder genügend Dämmerlicht vorhanden war, brach Payer auf. Seine drei Schlittenreisen zur Erforschung Franz Josef Lands gehören zu den tollkühnsten Unternehmungen, die je von Polarforschern ausgeführt wurden. Seine Begleiter wählte er sorgfältig aus. Die Männer folgten dem Expeditionsleiter loyal, nicht zuletzt aber auch aus sehr weltlichen Motiven. Denn für die Überschreitung jedes noch höheren Breitengrades und für die Aufwiegung der Gefahr, abgeschnitten zu werden, wurden – vor der restlichen Mannschaft geheim gehalten – gute Prämien in Aussicht gestellt. Mit unzähmbarer Willensstärke und unersättlicher Neugierde führte Payer drei Explorationsreisen mit einer Gesamtdauer von 40 Tagen quer durch Franz Josef Land. Er bestieg Berge, querte Meeresstraßen und benannte, was er sah – oder dachte zu sehen: Inseln, Sunde, Berge, Kaps, Gletscher.

Die Insel Wiener Neustadt vom Kap Tirol aus

Schneeschmelzen während einer Rast

Schneesturm während Payers zweiter Schlittenreise

Das Beunruhigende an der Eisbärenjagd bestand für Payer darin, dass »ihr Ausgang entscheidet, ob der Jäger den Bären oder der Bär den Jäger verzehren wird«.

Erste Schlittenreise 10. bis 15. März 1874 (6 Tage)
Auf der ersten Schlittenreise testete Payer in Begleitung von Johann Haller, Alexander Klotz, vier Matrosen und drei Hunden die Technik und Taktik des polaren Schlittenreisens für den großen Vorstoß nach Norden. Er und die beiden Tiroler bestiegen das Kap Tegetthoff und die Halbinsel Littrow, erkundeten den Nordenskjöld-Fjord und den Sonklar-Gletscher. Von der Insel Hall aus erspähten sie eine mögliche Route nach Norden. Am 14. März 1874 wurde die tiefste Temperatur der gesamten Polarexpedition gemessen: −50,6 °C!

Zweite Schlittenreise 26. März bis 23. April 1874 (29 Tage)
Die große Schlittenreise nach Norden nannte Payer sein »Lieblingsprojekt«, und sie war ohne Zweifel das Glanzstück der gesamten Expedition. Das Ziel bestand darin, so weit wie möglich nach Norden vorzudringen, die Ausdehnung Franz Josef Lands gegen den Pol hin zu klären und festzustellen, ob man hoch im Norden wieder auf offenes Wasser stößt und ein eisfreies Polarmeer vorfindet. Payer wusste, dass Weyprecht im Mai die *Tegetthoff* Richtung Nowaja Semlja verlassen musste, um sich und den verbliebenen Teil der Mannschaft zu retten, auch wenn die Schlittenreisenden in eine Notlage geraten oder sich auch nur verspäten sollten. Da die *Tegetthoff* zudem keinen festen Ankerplatz hatte und jederzeit bei einem aufkommenden Sturm mit dem Eis unauffindbar davontreiben konnte, wurde der Wagemut der Männer auf eine harte Probe gestellt. Für seine längste der drei Schlittenreisen wählte Payer neben Johann Haller und Alexander Klotz auch Schiffsfähnrich Eduard Orel, die Matrosen Antonio Zaninovich, Giacomo Sussich, Antonio Lukinovich sowie die Hunde Jubinal, Sumbu und Toroßy aus.

Entlang schroffen Gletscherabbrüchen, hohen Felsformationen, fjordreichen Küsten und über weitläufige Eis- und Gletscherflächen stießen die Männer nach Norden vor. Das Gelände war durch Gletscherspalten, Polynjas und Eisbarrieren schwierig und gefährlich. Die Route führte von der Insel Wilczek durch den verheißungsvollen Austria-Sund, entlang der Insel Wiener Neustadt mit dem Kap Tirol über die Insel Becker bis zur Insel Hohenlohe. Am dortigen Kap Schrötter trennte sich die Mannschaft. Während ein Teil zurückblieb, wagte ein kleiner Trupp bestehend aus drei Männern noch einen weiteren Vorstoß. Auf der Insel Rudolf passierte dann ein Unglück, das uns 2005 kalte Schauer über den Rücken jagen sollte. Doch dazu später mehr.

Schließlich standen Payer, Orel und Zaninovich nach 17 Tagen am 12. April 1874 am Endpunkt ihrer Schlittenreise, nicht ahnend, dass sie mit dem Kap Fligely auch

den nördlichsten Punkt des Archipels und der gesamten Alten Welt erreicht hatten. Payer vermeinte weiter im Norden noch weitere Landmassen im kalten Dunst zu erkennen, denen er die Namen Petermann-Land und König-Oskar-Land gab. Auch dachte er, den 82. Breitengrad überschritten zu haben. 2005 zeigt unser Satellitennavigationsgerät für das Kap Fligely jedoch eine nördliche Breite von »nur« 81° 51' 05" an. Payer irrte sich um knappe 26 Kilometer. Oder war hier der Wunsch Vater seines Gedankens? Die kleine, tapfere Gruppe hisste mit berechtigtem Stolz, doch ohne jedes nationale Pathos die k.u.k. Flagge auf den kahlen Felsen, was »kein Act völkerrechtlicher Nothwendigkeit und fern von der Bedeutung der Besitznahme eines Landes« war, wie Payer betonte. Die österreichisch-ungarische Nordpolarexpedition war ein für damalige Zeiten seltenes Beispiel weltbürgerlich-wissenschaftlicher Gesinnung. Am Kap Fligely hinterließ Payer in einem Felsriss ein in einer Flasche verwahrtes Dokument, das 25 Jahre später von der italienischen *Stella-Polare*-Expedition gefunden wurde.

Die Rückreise zur *Tegetthoff* war ein Gewaltmarsch, der die Männer endgültig an die Grenzen ihrer Leistungsfähigkeit brachte. Ihre Lippen waren aufgerissen, die Augen vom gleißenden Licht entzündet. Bis zu fünfzehn Stunden am Tag wurde bis zum Umfallen geschleppt, gezogen, gekämpft. Es war ein Wettlauf gegen die Zeit. Und je näher sie wieder ihrem Ausgangspunkt kamen, desto mehr zerrte die Ungewissheit an den zum Zerreißen angespannten Nerven, ob die *Tegetthoff* wohl noch an ihrer alten Stelle lag oder bereits mit dem tauenden Eis fortgedriftet war. Payer nützte jedoch selbst noch unter diesen Umständen jede Möglichkeit, Franz Josef Land zu erkunden. So verließen er und Johann Haller die auf dem Meereis dahinziehende Schlittenmannschaft und erstiegen am 18. April 1874 das hoch aufragende Kap Tirol.

Das alles geschah nicht nur unter dem enormen Zeitdruck, sondern auch auf die Gefahr hin, ohne Aussicht auf Rettung abgeschnitten zu werden und irgendwo in der Schnee- und Eiswüste umzukommen. Alle wussten, was sie erwartete, wenn sie nicht rechtzeitig zur *Tegetthoff* und zum Rest der Mannschaft zurückkehren würden. Weiter im Süden schien dann wirklich alles verloren. Zu Tode erschrocken standen Payer und seine Männer vor einem eisfreien, wogenden Meer, in dem die Reste jener Eisdecke schwammen, über die sie noch vor Kurzem nach Norden gegangen waren. Nach weiten Um- und Irrwegen über das Wilczek-Land bei fürchterlichen Schneestürmen und schlechter Sicht fanden sie mit viel Glück eine tragfähige Eisverbindung nach Süden. Und dann die Erlösung: In der Ferne tauchten endlich die Masten der *Tegetthoff* auf, die, wie so sehnlichst erhofft, tatsächlich noch immer an der gleichen Stelle im Eis lag. Dass Payer mit allen sechs Männern in nur elf Tagen am 23. April 1874 durch den auftauenden Austria-Sund, zwischen offenen Wasserstellen und über Gletscher heil zur *Tegetthoff* zurückkehrte, ist eine der verwegensten Leistungen der gesamten Expeditionsgeschichte und kann sicher mit den international viel bekannteren Überlebensdramen eines Nansen, eines Amundsen oder eines Shackleton verglichen werden.

Dritte Schlittenreise 29. April bis 3. Mai 1874 (5 Tage)
Die dritte Schlittenreise führte Payer zusammen mit Gustav Brosch und Johann Haller sowie drei Hunden nach Westen zur Insel McClintock auf die alles beherrschende Pyramide des Kap Brünn und den Simony-Gletscher. Für weitere Erkundungen war die Zeit bereits zu knapp.

Nur mit Glück konnte der Matrose Zaninovich aus der Gletscherspalte befreit werden.

Die Expedition am nördlichsten Punkt, dem Kap Fligely. Die Berge im Hintergrund waren eine Sinnestäuschung.

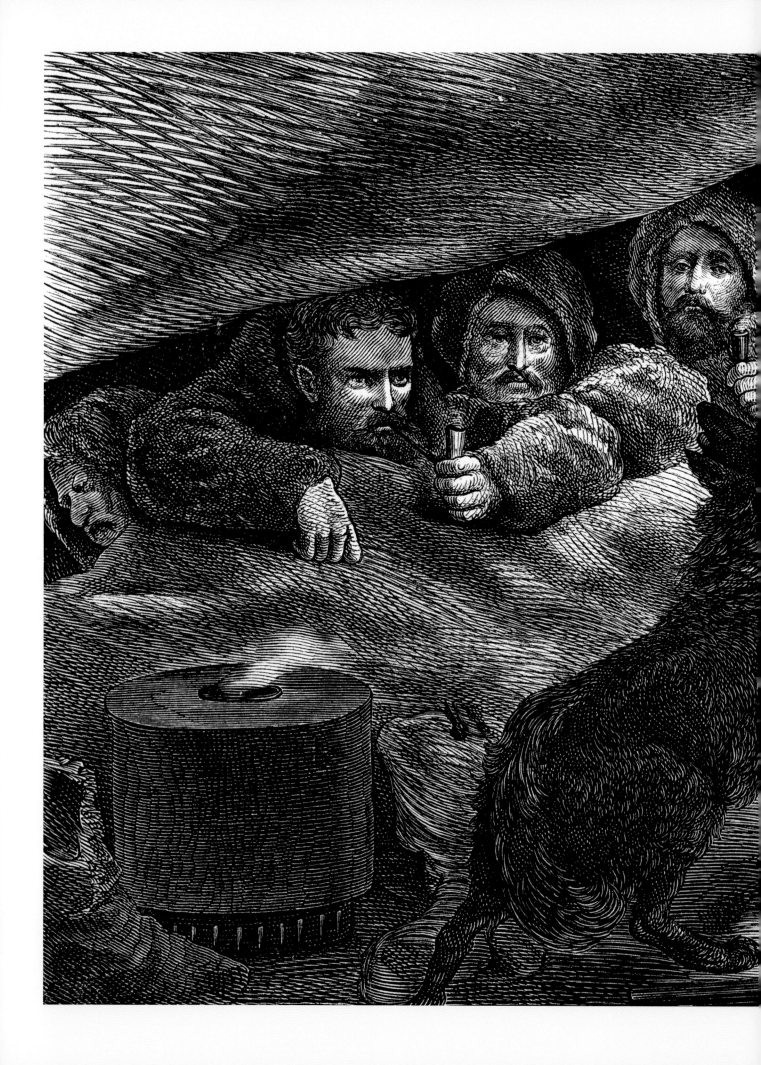

Rückzug

Vier Rettungsboote und drei Schlitten standen für den Rückweg nach Europa zur Verfügung. Der größte Schatz der Expedition waren Payers kartografische Aufnahmen und Skizzen sowie Weyprechts minutiös geführte Aufzeichnungen zur Meteorologie, Ozeanografie und zum Erdmagnetismus der Arktis. Die wertvollen Dokumente wurden in wasserdichte Boxen eingelötet.

Am 20. Mai 1874 verließ die Mannschaft die noch immer unbeweglich festgefrorene *Tegetthoff*, von der nie mehr etwas gefunden wurde. Die Wahrscheinlichkeit, dass die Männer ihre Heimat jemals wiedersehen würden, war äußerst gering. Zu Hause galt die Expedition bereits als verschollen. Nachdem sie an die Kante des stabilen Küstenfesteises gestoßen waren, schien ein Weiterkommen über das mobile Treibeis fast unmöglich. Die tot geglaubten Männer kämpften sich aber tapfer Meter für Meter, Scholle für Scholle über das Pack- und Presseis nach Süden: rutschend, tastend, kletternd und immer wieder durch die harte Kruste bis über die Knie in den tiefen Schnee einbrechend. Die mehrere Meter langen, tonnenschweren und auf Kufen gesetzten Boote mussten mühsam über aufgetürmte Eiswälle, durch Eisschlamm und Wasserspalten gezerrt und gestemmt werden. Mehrmals mussten die schweren Boote ausgeladen und wieder beladen werden, um bei heiklen Stellen eine Passage zu ermöglichen. Oft ging es nur auf Kommando und ruckweise voran, mussten zehn Mann vor ein Boot gespannt und eine Strecke mehrere Male gegangen werden. Erbrechen vor Erschöpfung, peinigender Durst, Hunger, Kälte, Erfrierungen, Schneeblindheit, Skorbut, Durchfall, eiternde Wunden, Herpes und andere Krankheiten, schlaflose Nächte, Regengüsse und ständig nasse oder gefrorene Kleidung machten die Rückreise zu einem qualvollen Kampf ums Überleben. Ständig lauerte die Gefahr, dass sich das chaotische Eisschollenlabyrinth in Bewegung setzen und die Mannschaft im wahrsten Sinne des Wortes den Boden unter den Füßen verlieren würde.

Die Nerven lagen blank. In dieser physischen und psychischen Extremsituation gerieten sich Payer und Weyprecht in die Haare. Das ging so weit, dass Payer damit drohte, seinen Revolver zu benutzen. Dass sich Menschen auf (Polar-)Expeditionen verwandeln, ist bekanntlich öfter beobachtet worden. Payer wird nach der Rückkehr seinen Expeditionsbericht aber »mit der rückhaltslosen Anerkennung der hohen Verdienste« Weyprechts beginnen.

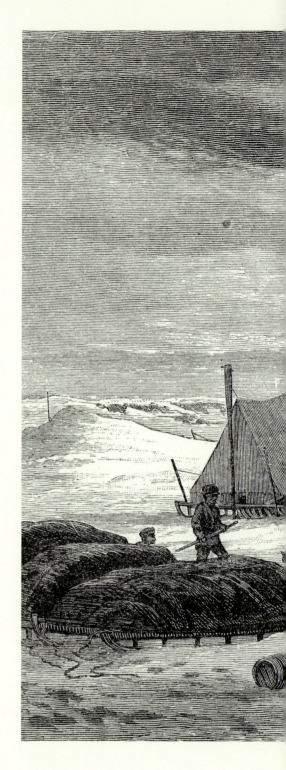

Vorherige Seite:
Entbehrungsreiches Zeltleben während der zweiten Schlittenreise

Am 20. Mai 1874 verließ die Mannschaft die *Tegetthoff*.

Aber das schlimmste Erlebnis stand noch bevor. Am 9. Juli nämlich erblickten die Männer wie zur Verhöhnung in der Ferne hinter sich wieder die Küste der Insel Wilczek. Sie waren nach über sieben Wochen nur 15 Kilometer weit vom Schiff entfernt. Wie war das möglich? Die Mannschaft kämpfte in mühsamer Sisyphusarbeit auf dem freien Packeis der Barentssee, kam aber praktisch nicht von der Stelle. Denn die erzielten Fortschritte wurden durch die von Südwinden hervorgerufene Eisdrift wieder zunichtegemacht. Man kompensierte also nur die Eisbewegung nach Norden, lief wie in einer Tretmühle. Oder wie Klotz es ausdrückte: »Wir gehen mit Hendlschritten und das Eis mit Siebenmeilenstiefeln.«

Obwohl Weyprecht und Orel diese ernüchternde Entdeckung in ihren Tagebüchern ohne Zeichen von Entmutigung unter der Mannschaft beschrieben, war es ein Schock! Einige wollten zurück zum Schiff. Payer soll später einmal die Hoffnungslosigkeit der Lage mit einem Vergleich verdeutlicht haben: Es war, als ob man in drei Monaten – so lange waren die Vorräte berechnet – schwer bepackte Schlitten über schwierigstes Packeis von Wien bis Venedig ziehen und von dort noch dreimal so weit in Booten fahren müsste, um dann erst am Nordkap anzukommen, aber nach zwei Monaten plötzlich bemerkt, dass man immer noch in Mödling ist. Man würde wohl zu Recht verzweifeln und wieder in die Stadt zurückkehren wollen. Aber eine dritte Überwinterung und den Tod der Expedition vor Augen, gelang es Weyprecht, durch seine Führungsstärke die Männer zusammenzuhalten und sie dazu zu bewegen, nie zurück, sondern stets nach vorne, nach Süden zu blicken. Denn nur dort lag die Hoffnung einer Rettung! Payer hielt diese tragische Szene 1892 in seinem monumentalen Ölgemälde »Nie Zurück!« in Naturgröße fest.

Erst als der Wind auf Nordwest drehte, machte die Mannschaft Boden gut. Plötzlich stellte sich auch eine leichte Dünung ein, die auf die Nähe offenen Wassers hindeutete. Kanäle öffneten sich, durch die die Männer rudernd dahingleiten konnten. Aus dem geschlossenen Packeis wurde zunehmend loses Treibeis. Die Stunde der Befreiung aus dem Eis nahte. Nach drei Monaten übermenschlicher Anstrengungen erreichten die Polarfahrer endlich am 15. August 1874 auf 77° 40' nördlicher Breite offenes Meer. Die Eiskante lag in diesem Jahr weit nördlich, vergleichbar etwa dem Jahr 1871. Für 242 Kilometer Luftlinie musste die Expedition wohl mehr als die doppelte Distanz, also über 500 Kilometer, auf dem Eis zurückgelegt haben. Eine Verzweiflungstat, eine Unmöglichkeit, die die Männer jedoch möglich gemacht haben.

Nun hieß es aber noch, durch die stürmische Barentssee zu segeln und bei Regen zu rudern. Zähneklappernd überstanden die ausgezehrten Männer völlig durchnässt in triefenden Schlafsäcken auch noch diese harten Nächte. Dreizehn Wochen nach Verlassen der *Tegetthoff* kam Nowaja Semlja in Sicht. Das zwei Jahre zuvor auf den Barents-Inseln eingerichtete Lebensmitteldepot war der Hoffnungsanker. Doch durch Nebel und die Strömung des Meeres konnte es nicht gefunden werden. Wieder wurde die Lage kritisch. Die Lebensmittelvorräte neigten sich dem Ende zu. Durch einen glücklichen Zufall trafen die Österreicher dann am 24. August 1874 auf das russische Fangschiff *Nikolaj*, dessen Kapitän Voronin die erschöpfte Mannschaft rettete und freundlich an Bord aufnahm. Mit der Ankunft im norwegischen Vardø am 3. September 1874 nahm die Expedition schließlich nach 812 Tagen ein glückliches Ende.

Die Nachricht ging wie ein Lauffeuer um die Welt und löste Freude vom Nordkap bis nach Wien aus. Die Rückkehr glich einem Triumphzug. Die Flut von Glückwunschschreiben aus allen Bevölkerungskreisen, die Ehrendiplome, Festbankette und Festvorträge bezeugten die gemeinschaftliche Freude und Solidarität. Der endlose Jubel erhallte »bis in die entlegensten Winkel Österreich-Ungarns«, schrieb Karl Weyprecht nicht ohne Stolz. Payer beendete seinen Expeditionsbericht dann auch bezeichnenderweise mit den Worten: »Wir empfanden, daß wir weit über unser Verdienst gewürdigt, das Höchste erreicht hatten, was die Erde zu bieten vermag: die Anerkennung unserer Mitbürger.« Weyprecht hingegen scheute die Feierlichkeiten zu seinen Ehren: »Auf keiner Seefahrt bin ich seekrank geworden, aber bei diesem Trubel werde ich es noch!« Während er einen angebotenen Adelstitel ausschlug, wurden einige Expeditionsmitglieder geadelt, andere mit kaiserlichen Auszeichnungen geehrt oder durften sich einen Posten im Staatsdienst aussuchen. Johann Haller beispielsweise wurde Förster in der Tiroler Gemeinde Obsteig, Eduard Orel Verwalter des prachtvollen Schlosses Miramare an der Adria. Doch der ganz große internationale Ruhm blieb der Expedition verwehrt.

August Petermann publizierte 1876 nach den Angaben Julius Payers die »Endgültige Karte von Franz Josef Land«.

Nächste Seite:
Fast drei Monate lang zerrten die Männer die Rettungsboote über das Packeis nach Süden, bis sie das offene Meer erreichten.

Ergebnisse

Dass die österreichisch-ungarische Nordpolarexpedition keines ihrer ursprünglichen Ziele erreichte, wurde nach der glorreichen Heimkehr aus dem historischen Bewusstsein verdrängt. In den Vordergrund rückte hingegen als größter wissenschaftlicher Erfolg, dass ihr die letzte große Landentdeckung im eurasischen Sektor der Arktis gelang, seit der Holländer Willem Barents 1596 Spitzbergen entdeckt hatte. Das geografische Bild des Nordpolargebietes erfuhr damit eine seiner letzten Erweiterungen. Besonders ertragreich waren dabei die über einen Zeitraum von über zwei Jahren an Bord der *Tegetthoff* durchgeführten naturwissenschaftlichen Beobachtungen sowie die durch die Schlittenreisen Payers gewonnenen Kenntnisse zur Topografie, Glaziologie und Geologie des Archipels.

Der Expedition verdanken wir neben den wertvollen naturwissenschaftlichen und geografischen Aufzeichnungen sowie der Erkenntnis, dass Petermanns Theorie eines offenen Polarmeeres revidiert werden musste, aber auch die ersten künstlerischen Darstellungen von Franz Josef Land. Trockenplattenkameras waren zwar gerade erfunden, doch steckten sie noch in den Kinderschuhen und waren noch keinesfalls expeditionstauglich. Welch ein Glück, dass Julius Payer nicht nur Zeichen- und Maltalent besaß, sondern auch imstande war, selbst bei tiefsten Temperaturen noch Landschafts- und Stimmungsskizzen anzufertigen, wonach er später großartige Ölgemälde schuf. Nie hat eine Polarexpedition so eindrucksvolle Bildnisse hinterlassen. Payers Wirken ist somit nicht nur durch seine alpinistischen und geografischen Leistungen, sondern auch durch seine künstlerische Begabung für die Nachwelt von Bedeutung. Seine Fähigkeit, Entdecker- und Forschergeist mit Freude an Wildnis und begeisterndem Schönheits- und Kunstsinn verbinden zu können, war genial. Julius Payers Expeditionsbericht von 1876 *Die österreichisch-ungarische Nordpol-Expedition in den Jahren 1872–1874* ist noch heute der sicher stärkste Bericht einer Polarexpedition in deutscher Sprache. Er wurde ein Bestseller, der breiten Kreisen der Bevölkerung die Arktis lebhaft vor Augen führte.

Karl Weyprecht umwehte nicht die Glorie des künstlerisch vielfach Begabten, nicht das Charisma des manisch getriebenen Entdeckers Julius Payer. Von größter Tragweite für die weitere Polarforschung war jedoch Weyprechts Ansicht, dass die Rätsel der Polargebiete nicht von Einzelexpeditionen, sondern nur durch eine weltweit koordinierte, kollegiale Gemeinschaftsarbeit aller Polarforschungsnationen zu lösen sind. Weyprecht stellte auch die geophysikalischen Erkenntnisse über die rein topografische Erforschung der Polargebiete. Für die Zukunft forderte er »Forschungswarten statt Forschungsfahrten«. Sein Konzept, den Pol mit einer Kette von Messstationen, sogenannten Zirkumpolarstationen, zu umgeben, von denen aus man präzise, zeitgleiche und weltweit koordinierte Untersuchungen in den höchsten Breiten der Erde vornehmen könnte, führte nach seinem Tod zum größten Polarforschungsunternehmen aller Zeiten: zu den Internationalen Polarjahren 1882/83, 1932/33 und 1957/58. Der Geist Weyprechts lebt 2007/08 auch im vierten Polarjahr weiter. Und das ist vielleicht der eigentliche Meilenstein, den die österreichisch-ungarische Nordpolarexpedition setzte. Ein Stein, an dem sich zwar keine Eroberfahne heften, von dem aus sich aber die Erkenntnis der globalen Bedeutung der Polarregionen für das Klimageschehen auf der Erde datieren lässt.

Während sich die meisten Entdeckungen Payers eindrucksvoll bestätigten, wurden einige seiner Sichtungen jedoch widerlegt, wie die vermeintlichen Landmassen König-Oskar-Land, Petermann-Land und Zichy-Land oder der imaginäre Dove-Gletscher. Julius Payer hatte auch geglaubt, dass Franz Josef Land hauptsächlich aus zwei großen, zentralen Inselmassiven besteht, die durch den Austria-Sund getrennt sind. Wie auch wir feststellten, ist die Topografie der unübersichtlichen Inseln und Sunde aus der Froschperspektive tatsächlich verwirrend. Und die gleichförmigen Schichtwolken und kontrastarmen Nebelbänke lassen sich leicht mit flachen und je nach Lichtstimmung gleißend oder matt schimmernden Gletscherkuppen in der Ferne verwechseln. Möglicherweise narrten den erfahrenen Kartografen Payer auch Kompassmissweisungen.

Denkt man an die technischen Voraussetzungen, den Zeitdruck der drei Schlittenreisen und vor allem die Umstände und Strapazen, so waren Payers Resultate in jedem Fall äußerst beachtlich. Fridtjof Nansen bestätigte 1898 in Wien Payers Glaubwürdigkeit, und Expeditionsmitglied Gustav Brosch verteidigte Julius Payer noch im Jahre 1900: »Das Skelet von Payer's Karte ist sicherlich so richtig, wie in diesen Gegenden nur möglich. Eine Generalstabskarte des von uns bereisten Theiles von Franz Josef-Land sollte Payer's Karte niemals sein, und für den Zweck dem sie dienen sollte: einen allgemeinen Begriff über Gestalt und Lage des neu entdeckten und bereisten Landgebietes zu geben, ist sie so genau, als man es vernünftigerweise fordern kann.«

Den größten Erfolg, die Entdeckung neuen Landes, verdankte die Expedition zwar einem Zufall, nämlich der Eisdrift. Weyprechts Führungsqualitäten, naturwissenschaftliche Messungen und Verdienste um die Polarforschung und die durch Payers Schlittenreisen erzielten Erkenntnisse und Karten, sein mitreißendes Expeditionsbuch und seine stimmungsvollen Gemälde haben jedoch in der Summe zum Ruhm der Expedition beigetragen. Die moralischen, wissenschaftlichen und künstlerischen Erträge zusammen gehören zu den größten Errungenschaften in der Geschichte der Polarexpeditionen. Leider fanden sie international nicht die Beachtung, die ihnen gebührt hätte.

Dass beinahe die gesamte Mannschaft der *Tegetthoff* heil nach Hause zurückkehrte, grenzte an ein Wunder und ist wohl der Umsicht beider Expeditionsleiter zu verdanken. Die Expedition hatte mit Otto Krisch »nur« ein Todesopfer zu beklagen, wenn man die acht Hunde außer Acht lässt. Sumbu ging verschollen und die anderen sieben mussten vor der Rückreise mit den Rettungsbooten getötet werden. Payer vergaß nicht zu betonen, »daß wir die Ueberschreitung des 82. Breitegrades nicht uns selbst, sondern nur der ausdauernden Kraft dieser treuen Thiere verdanken«.

Traurig ist das Schicksal der Protagonisten nach der Rückkehr: Weyprecht erkrankte an Tuberkulose, wetterte zusehends gegen die Rekordsucht, den Nordpol zu erobern, da dies wissenschaftlich wertlos und hedonistischer Unfug sei. Auch verschmerzte er nie, das Ziel der nordöstlichen Durchfahrt nicht erreicht zu haben: »Das Glück, ein neues Land entdeckt zu haben, wiegt das Missgeschick nicht auf, willenlos getrieben zu sein.« Er starb 1881 im Alter von nur 43 Jahren. Julius Payer zog sich aus Unmut über Intrigen und durch Missgunst, Neid und Polemik in seiner Offiziersehre bitter verletzt – sogar seine Beförderung zum Hauptmann wurde hintertrieben – noch im Jahr der Rückkehr nach Österreich aus der Armee zurück. In Offizierskreisen hielt man die Berichte Payers für unglaubwürdig und behauptete, kein Mensch könne derartige Strapazen aushalten, wie sie Payer geschildert hat. Dieser lebte fortan als Schriftsteller, Vortragsredner und Maler in Wien und Paris. 1876 wurde er im Alter von 35 Jahren noch in den Ritterstand erhoben und damit für seine Verdienste gewürdigt. Der unermüdliche Wanderer und Naturgenießer verlor einseitig das Augenlicht und starb 1915 nach längerer Krankheit nicht als öffentliche Persönlichkeit, sondern einsam und verarmt mit 74 Jahren. Und August Petermann, dessen Theorie eines offenen Polarmeeres die Expedition nicht bestätigen konnte, schlitterte in eine schwere Depression und beging 1878 Selbstmord.

Nächste Seiten:
Die *Tegetthoff* während der Polarnacht in der Barentssee. Gemälde von Eduard Orel, o. J.

Auf seinem Weg nach Norden passierte Payer das Säulenkap auf sehr gefährlichem Presseis. Gemälde von Aldolf Obermüllner, 1875.

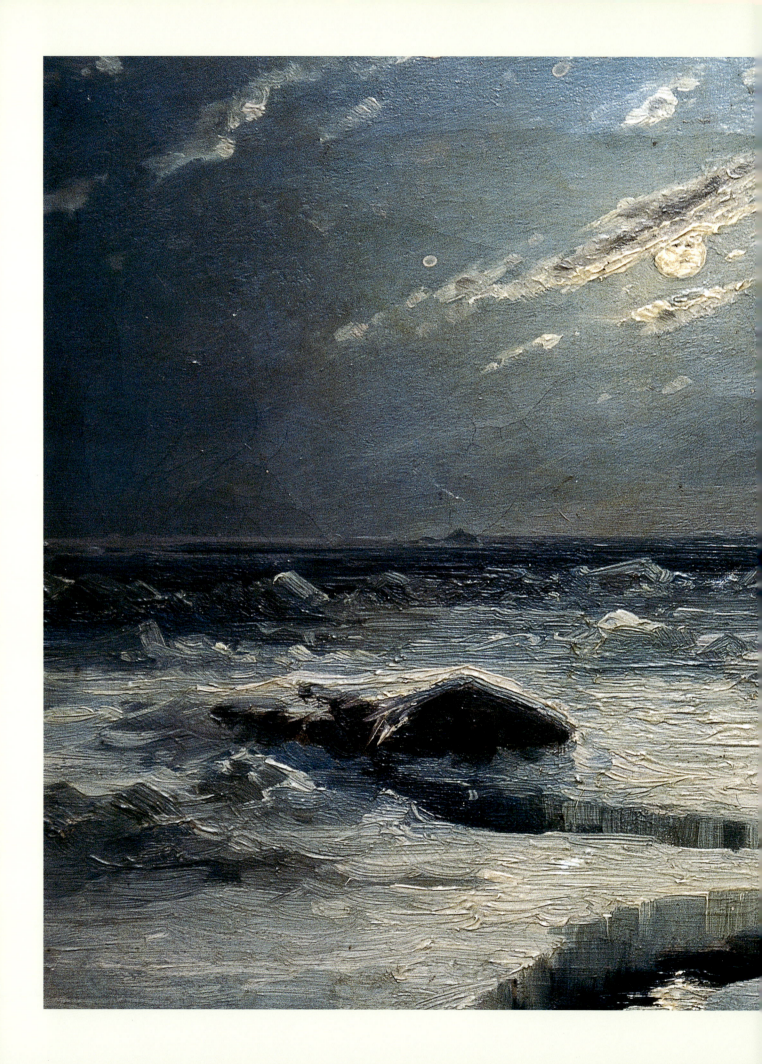

Die Payer-Weyprecht-Gedächtnisexpedition 2005

Christoph Höbenreich   Robert Mühlthaler
Viktor Bojarski   Nikita Ovsianikov
Nanuk

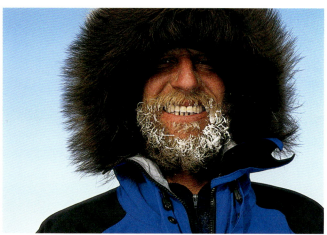

Geträumtes Paradies

Der eisige Nordwind rüttelt am Zelt. Immer wieder knistern herangewehte Eiskristalle auf der hauchdünnen Membran, die uns Geborgenheit in der weißen Wildnis schenkt. Dünnes Eis, Nebel und ein aufziehender Sturm halten uns auf der Ostspitze der Insel Becker auf Franz Josef Land fest. Wie wild kann doch ein Ort sein, der einen so zahmen Namen hat. Seit bereits mehr als zwei Wochen mühe ich mich mit drei Gefährten durch die arktische Welt des Archipels. Meine Muskeln, Sehnen und Gelenke haben es aufgegeben, gegen die täglichen Belastungen des Pulkaziehens mit Schmerzen zu protestieren. Der Kopf hat gewonnen. Der Körper ist dem Geist unterlegen und hat sich an die Gehleistungen gewöhnt. In der wohligen Wärme des Schlafsacks stelle ich mir einen Globus vor und vergegenwärtige mir, wo wir uns eigentlich befinden: »Da, ganz oben, jenseits des 81. Breitengrades im Nordpolarmeer.« Welch außergewöhnliches Glück ist es doch, hier sein zu dürfen. Dabei dauerte es Jahre, bis mein großer Traum Wirklichkeit wurde.

Begonnen hat dieser bereits 1993. Wie so viele Österreicher hatte auch ich zwar bereits als Jugendlicher mit Erstaunen im Schulatlas nahe dem Nordpol die Inseln mit dem verheißungsvoll altösterreichischen Namen erblickt und irgendwann auch von ihrer Bedeutung erfahren. Im wahrsten Sinne des Wortes »greifbar« werden diese für mich jedoch erst, als ich als Fünfundzwanzigjähriger zur Teilnahme an den Filmexpeditionen des ORF »Arktis Nordost« eingeladen werde. Wir gehören zu den ersten Ausländern, die Franz Josef Land, das von 1930 bis 1990 Sperrgebiet der UdSSR war, selbstständig bereisen und erkunden können. Unser buntes Team, bestehend aus Kameraleuten, Technikern, Logistikern, Tauchern und anderen Spezialisten, arbeitet im Sommer 1993 an einer Filmdokumentation über die österreichisch-ungarische Nordpolarexpedition. Ich selbst bin als Bergsteiger für die Sicherheit im Gelände verantwortlich. Während der Prospektionstouren mit dem Geologen Wolfram Richter erlebe ich erstmals das prickelnde Gefühl zu gehen, wo noch nie ein Mensch seinen Fuß gesetzt hat. Nach ein paar Wochen am Kap Flora wechseln wir mit dem Atomeisbrecher *Yamal* auf die Insel Ziegler. Auf einer Strandterrasse, einer geschützten Bucht in unmittelbarer Nähe eines Süßwassersees, errichten wir unsere kleine Zeltstadt. Noch nie lagerte jemand vor uns an diesem paradiesischen Ort. Umgeben von Gletschern und steil aufragenden Felsformationen bietet ein flaches Inselchen den idealen Standort für den aufwendigen Nachbau der *Tegetthoff* als Filmkulisse im Originalmaßstab. Im Winter, wenn Land und Meer erstarrt sind, sollen die historischen Szenen an Bord der »*Tegetthoff*« nachgestellt und gefilmt werden.

Aber noch herrscht arktischer Sommer. Es tut gut, das Basislager verlassen und ein paar Stunden allein sein zu können, über den Schnee zu gleiten, die Freiheit zu spüren. Meine Skier knirschen über den gefrorenen Firn, der durch die Polarsonne zerfressen ist. Kreisrunde, wassergefüllte Kryokonitlöcher prägen die Schneeoberfläche. In der Mitternachtssonne erreiche ich den Gipfel des Berges hinter unserem Lager. Die endlosen, flach gewellten Gletscherkuppen der Insel Salisbury liegen gegenüber. In den Sunden treiben Tausende Eisschollen, so weit das Auge reicht, vereinzelt – wie Perlen – auch einige schneeweiße Berge aus Eis: kolossale, flache Tafeleisberge, aber auch bizarre, wie auf dem Kopf stehende »Zähne«, die ihre Wurzel in den Himmel recken. Am Himmel ziehen ein paar wie mit einem zarten Pinselstrich gemalte Federwolken. Kein Windhauch. Nichts. Ich atme diese Ruhe tief in mich ein. Lediglich mein Puls, der sich nach dem Aufstieg nun langsam beruhigt, scheint die Geräuschlosigkeit zu durchbrechen. Ich lasse die Stille des Eises in den Ohren singen.

Nächste Seite:
Basaltnadeln und Schmelzwasserrinnsale auf der Insel Northbrook

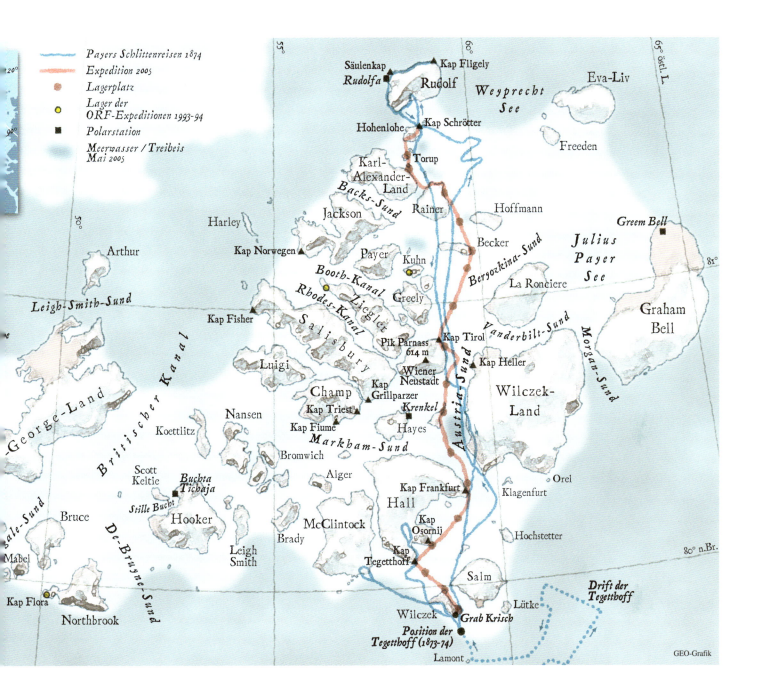

»Nur wo du zu Fuß warst, warst du wirklich«, geht mir eine alte Weisheit durch den Kopf. Ja, das Gehen empfinde ich eindeutig als die intensivste Reisegeschwindigkeit. Durch die Bewegung werden alle meine Sinne aktiviert. Ich sehe, höre und fühle die Welt, durch die ich wandere, noch viel ein*gehender*. Und je archaischer, je abgelegener und je extremer sie ist, desto stärker ist das Erlebnis, wenn ich mich aktiv auf sie einlasse, wenn ich wirklich in sie eintauchen kann. Mir kommt die Idee, Franz Josef Land wie Julius Payer zu erleben und auf Payers historischer Route aus eigener Kraft durch den Archipel zu gehen. Nur mit Zelt, Ski und Pulka. Ob Payers Erlebnisberichte über- oder gar untertrieben waren? Ich will es wissen und selbst erleben, was es heißt, hier in dieser Eiswildnis mit moderner, aber wirklich nur minimaler Ausrüstung tage- und wochenlang unterwegs zu sein. Eine Expedition ganz im Geiste der Vorläufer schwebt mir vor, bei der der Weg das Ziel ist. Der zündende Gedanke setzt sich bald als – Payer hätte gesagt »unverscheuchbarer« – Traum in meinem Kopf fest. Er sollte mich zwölf Jahre lang nicht mehr loslassen.

Dämmerung der Polarnacht in der Arktis

Der Nachbau der *Tegetthoff* für die Filmdokumentation des ORF konnte eigentlich gar nicht schwimmen.

Nächste Seite:
Der mit Treibeis bedeckte Rhodes-Kanal vor der Insel Salisbury von einer Anhöhe der Insel Ziegler aus

Polarnacht

Mitten in der Polarnacht im Winter 1994 kehrt unser Filmteam bei Temperaturen deutlich unter −45 °C und völliger Dunkelheit mit dem Atomeisbrecher *Tajmyr* von Murmansk aus nach Franz Josef Land zurück. Nur die Nordlichter tanzen in allen Perlmuttfarben am Firmament: Es ist die Zeit der klirrenden Kälte und der Finsternis. Mehr als zehn Tage dauert allein die beschwerliche Anreise. Über vier (!) Meter dickes Packeis nötigt dem schweren Schiff alles ab. Der Eisbrecher kracht, bebt und zittert, wenn er sich im wahrsten Sinne des Wortes Meter für Meter mühsam seinen Weg durch die erstarrte Barentssee bricht. Immer wieder bleibt der kraftstrotzende Koloss im Eispanzer stecken, muss zurücksetzen und erneut in die Eismauern rammen. Für das Schiff und seine eiserprobte Besatzung ist es eine Grenzerfahrung, im Winter so weit nach Norden vorzustoßen. Wie wird uns die nachgebaute »*Tegetthoff*« empfangen? Hat sie die Eisstürme überstanden?

Langsam tastet sich der Eisbrecher wie ein außerirdisches Raumschiff voran. Die Suchscheinwerfer leuchten die Eisoberfläche Hunderte Meter vor dem Schiff ab. Gespannt stehen wir auf der Brücke. Und plötzlich erscheint sie vor uns wie ein Geisterschiff: Die *Tegetthoff* – oder besser gesagt ihr Modell in Originalgröße. Die Masten und Wanten sind dick vereist, der Schiffsrumpf von Schneewechten eingehüllt. Dieser Anblick des Dampfsegelschiffes im Schein der Flutlichter und unter einem spektakulären Feuerwerk der Polarlichter am Himmel ist ergreifend und lässt selbst abgebrühte Bühnentechniker nicht unberührt. Wir jubeln und aus einigen Augen rollen Freudentränen, die in der klirrend kalten Luft sofort gefrieren. Auch unser Basislager steht noch (fast) unversehrt.

In den kommenden Wochen rekonstruieren wir die Schlüsselszenen der historischen Expedition, wie beispielsweise die Hektik während der Eispressungen, die die Mannschaft der *Tegetthoff* in Angst und Schrecken versetzten; das harte Leben an Bord während der Polarnacht; die sehnlich erwartete Polartagdämmerung; die kartografischen Arbeiten Julius Payers während seiner Schlittenreisen; oder den Rückzug über das Packeis mit den schweren Zugbooten. Wir tragen als Komparsen historische Kleider, Pelze und Schuhe und können so erahnen, was es hieß, im späten 19. Jahrhundert in der Arktis zu überleben. In mir wächst dabei der Respekt vor den unvorstellbaren Entbehrungen der Pioniere. Doch ich will die Entdeckung Franz Josef Lands nicht nur in Kostümen nachstellen. Ich will die Schlittenreisen Payers wirklich nachvollziehen und beginne Zukunftspläne zu schmieden. Ja, eine Skiexpedition soll es sein, gemeinsam mit einem Freund und mit zwei russischen Partnern in einem Team. Dieser Gedanke gefällt mir.

»Du und die arktische Landschaft, ihr habt euch gefunden! Es hat mir unendliche Freude bereitet, eure ständig stärker werdende Beziehung zu beobachten. Danke für dieses Geschenk.« ORF-Expeditionsleiter Helmut Voitl fand beim Abschied von Franz Josef Land berührende Worte. Aus meiner jugendlichen Begeisterung für die Abenteuer der Arktis wurde eine Leidenschaft für Polargebiete, die mich in den kommenden Jahren zum geografischen Nordpol, dreimal und insgesamt über ein halbes Jahr lang in die innere Antarktis, fünfmal auf den Gipfel des Vinson-Massivs, des höchsten Berges Antarktikas sowie auf eine Durchquerung Grönlands mit Ski und Hundeschlitten führte. Nur der Traum der Durchquerung Franz Josef Lands blieb noch jahrelang »auf Eis« liegen.

Hartnäckigkeit und Diplomatie

Anhand der historischen Expeditionsberichte, Tagebücher und der Karten von Julius Payer kann ich die Routen seiner drei Schlittenreisen durch Franz Josef Land in akribischer Arbeit rekonstruieren und auf moderne topografische Generalstabskarten übertragen. Es ist spannend, sich in Julius Payer hineinzudenken und die vielfältigsten Informationen über die Umstände seiner Expedition zu einem Gesamtbild zusammenzufügen. Sicher, heute gibt es sportlich schwierigere Unternehmungen als eine Skiexpedition durch Franz Josef Land. Aber die Summe aus den bürokratischen, finanziellen, logistischen, physischen und psychischen Hindernissen und den Gefahren der arktischen Wildnis macht die Expedition auf den Spuren Payers durch Franz Josef Land für mich zu einer ganz außergewöhnlichen Herausforderung. Und kein Geringerer als Reinhold Messner bestätigt mir: »Die ›Payer-Weyprecht-Gedächtnisexpedition‹ ist ein Beweis, dass es in der Arktis noch Abenteuer gibt. Es liegt nur an uns, sie zu verwirklichen.« Das gibt meiner Motivation kräftigen Vorschub!

Doch 1997 ist der politische Frühling jäh zu Ende. Es brechen wieder eisige Zeiten auf Franz Josef Land an. »Njet!«, »Nein!«, lautet die Antwort der russischen Militärbehörden auf ein Ansuchen um eine Einreisegenehmigung. Lapidare Begründung: Betretungsverbot für ausländische Expeditionen. Damit fällt die geplante Skidurchquerung dem neuen Kurs der russischen Führung ebenso zum Opfer wie die Ambitionen österreichischer Wissenschaftler, mit ihren Forschungsprojekten auf Franz Josef Land Fuß zu fassen. Die geheimnisumwitterten Inseln verschwinden nach nur sieben Jahren der Öffnung wieder hinter einem Vorhang aus Einreiseverboten, Geheimniskrämerei und Bürokratie. Nur einige touristische Polarkreuzfahrten werden unter strenger Aufsicht geduldet. Der kommerzielle Einsatz der seit dem Niedergang der UdSSR unausgelasteten Eisbrecherflotte bringt schließlich dringend benötigte Devisen. Gründe für das Einreiseverbot individueller Expeditionen werden nie genannt und sind rein spekulativ. Vielleicht will man keine Ausländer, die den ehemaligen sowjetischen Aktivitäten nachstöbern könnten. Oder sind es geopolitische Interessen in dem rohstoffreichen und noch immer heiß umstrittenen Schelfbereich der Barentssee? Russland, Norwegen, Dänemark, Kanada und die USA stecken im arktischen Mittelmeer ihre Claims ab für den zukünftigen Goldrausch nach den Reichtümern der Arktis: Erdöl und Erdgas, neue Fischgründe und kürzere Schiffsrouten zwischen Atlantik und Pazifik. Oder ist es etwa die NATO-Osterweiterung, die für Russland eine neue und sicher nicht behagliche Situation schafft? Wir erfahren es nicht.

Hartnäckig arbeite ich daran, die Generäle in Moskau dazu zu bringen, die Skireise durch Franz Josef Land zuzulassen. Ich habe ja nichts zu verlieren. Ein »Njet« habe ich ja schon. Ein »Da«, »Ja«, könnte ich bekommen. Über fünf Jahre hinweg gibt es unzählige Gespräche und Korrespondenzen, nicht zuletzt mit Bundespräsident Heinz Fischer, dem damaligen Bundeskanzler Wolfgang Schüssel und einem ebenfalls wohlwollenden Präsidenten Wladimir Putin. Der Intensivkontakt mit dem angesehenen Polarpionier und Vizepräsidenten der Duma, Artur Chilingarov, erzielt schließlich den Durchbruch. 2003 erreicht mich mitten in der Antarktis ein Brief von Wolfram Richter, der mittlerweile Dekan an der Universität Wien ist: »Angeregt durch Dein Ansuchen, auf Payers Spuren eine Expedition nach Franz Josef Land auszurichten, hat Artur Chilingarov versprochen, alle Hindernisse aus dem Weg zu räumen.« Und was noch viel wertvoller ist: »Er will auch wieder wissenschaftliche Expeditionen ermöglichen.« Meine Idee, zum fünfzigjährigen Jubiläum des österreichischen Staatsvertrags im Jahre 2005 ein Viermann-Expeditionsteam als praktizierte Völkerverständigung paritätisch aus zwei Österreichern und zwei Russen zusammenzustellen, brachte offensichtlich viel Sympathievorschuss in Wien und Moskau ein und war für die Realisierung der Expedition wohl sehr hilfreich.

Überzeugungsarbeit

Das Dreiländereck, 1 508 Meter hoch, ist ein verheißungsvoller Berg in den Karawanken. Auf seinem Gipfel schneiden sich die Grenzen Österreichs, Italiens und Sloweniens. Hier treffen der germanische, der romanische und der slawische Kulturkreis aufeinander. Ein ausdrucksstarker Ort, den der bemühte Klagenfurter Altbürgermeister Leopold Guggenberger für eine Zusammenkunft mit Artur Chilingarov im Februar 2003 ausgewählt hat. Der charismatische Russe strahlt nicht nur die Würde seines hohen Amtes, sondern viel mehr noch die seiner jahrzehntelangen Polarerfahrung spürbar aus. Seine blitzenden Augen, seine buschigen Brauen und sein silberner Vollbart verleihen ihm die Aura eines Eisbären, der unzählige harte Winter überstanden hat und mit allen Eiswassern gewaschen ist. In Russland ist Artur Chilingarov allseits bekannt und ehrenvoll respektiert. Mit Stolz trägt er den goldenen, fünfstrahligen Stern des Leninordens auf seiner Brust, mit dem er einst als »Held der Sowjetunion« für seinen couragierten Einsatz zur Rettung einer im Eismeer festgefrorenen Schiffsbesatzung ausgezeichnet wurde. Ein Dolmetscher übersetzt die Worte, die wir miteinander wechseln. In Wahrheit sind derer nicht viele nötig. Wir scheinen einander auch wortlos zu verstehen. Vielleicht hatte er als junger Polarnik ähnliche Träume wie ich und kann mich deshalb so gut verstehen. Ihm brauche ich das Warum unserer Polarexpedition nicht zu erläutern. Er fragt auch gar nicht danach. Expeditionsreisende sind auf der Suche nach etwas, was sich nur erfahren, aber kaum beschreiben und schon gar nicht erklären lässt.

Für Payer hatte Entdeckung neben der wissenschaftlichen noch eine andere, eine künstlerische Dimension. Ungewöhnlich für einen technisch versierten Mann träumte der Visionär Julius Payer davon, später einmal eine Expedition von Künstlern, Malern und Dichtern nach Franz Josef Land zu bringen, um sich hier in diesem Weltpark für Menschen mit Sinn für die Schönheit der Arktis überreich inspirieren zu lassen, um die hocharktische Wildnis zu dokumentieren und den Menschen in den Städten Europas näherzubringen. Sein Franz Josef Land sollte in gewisser Weise der ganzen empfindsamen Welt gehören. Und er war überzeugt, dass nur Künstlerwort und Künstlerstift die Majestät der Arktis annähernd erfassen könnten. Aber wirklich begreifen kann man sie wohl nur mit den eigenen Sinnen, davon bin ich überzeugt.

Artur Chilingarovs leuchtende Augen zeigen tiefes Verständnis, Begeisterung und Abenteuergeist. Auf dem Gipfel des Dreiländerecks angekommen, bekräftigen wir die »Payer-Weyprecht-Gedächtnisexpedition« per Handschlag und stoßen mit einem lauten »Nasdarowje« auf das »völkerverbindende Projekt«, wie er es nennt, an. Artur Chilingarov verrät uns, warum er die Expedition unterstützt, die nur durch eine intensive Zusammenarbeit zwischen Österreich und Russland möglich ist: »Die Kinder Sibiriens sind die Zukunft der russischen Arktis. Ihnen gilt es jene Werte zu vermitteln, die auch wir mit der internationalen Gedächtnisexpedition beleben und demonstrieren.«

Erst wenige Wochen im Amt als Bundespräsident sagt uns dann im Sommer 2004 Heinz Fischer seine tatkräftige Unterstützung zu: »Ich übernehme den Ehrenschutz über die ›Payer-Weyprecht-Gedächtnisexpedition‹, die in ausgezeichneter Weise die bilaterale Zusammenarbeit zwischen Russland und Österreich vor den Augen der Öffentlichkeit dokumentieren kann.« Und der damalige Bundeskanzler Wolfgang Schüssel bekräftigt: »Durch die ›Payer-Weyprecht-Gedächtnisexpedition‹ sollen die grenzüberschreitenden Anliegen der Arktisforschung betont werden. Die Unterstützung des Bundeskanzleramtes ist dabei ein Zeichen, dass die österreichische Polarforschung nicht nur eine große Vergangenheit, sondern vor allem auch eine wichtige Bedeutung in der Zukunft hat.« Derart ermutigt und gestärkt reise ich nach Moskau, um die Ausstellung der Einreisegenehmigung und Vorbereitungen für die Expedition voranzutreiben: Vorsprache in der Duma, Empfang in der Botschaft und Gespräche mit Wirtschaftstreibenden als potenziellen Sponsoren stehen auf dem Programm. In Russland und zu Hause in Österreich summieren sich die Kontakte mit zahlreichen Sponsoren, materiellen Förderern und ideellen Mentoren im Laufe der Zeit zu zigtausend Trippelschritten Richtung Norden. Mühsam entsteht ein dichtes Netzwerk, um die bürokratischen, logistischen und finanziellen Hürden der Skiexpedition zu bewältigen, was noch mehr Kunstknüpferei und Diplomatie erfordert als die entsprechende Vorarbeit zu Payers Zeiten. Dieser konnte sich ja seinerzeit finanziell weitgehend auf adelige, wohlhabende Polar-Enthusiasten stützen und mit dem Rückenwind der Begeisterung seiner Zeitgenossen ins Eis dampfen.

Wer kommt mit?

Nun beginnt auch die Suche nach den Expeditionsmitgliedern. Mein langjähriger Freund Viktor Bojarski ist von der Idee der Gedächtnisexpedition begeistert. Als Direktor des Polarmuseums St. Petersburg und erfahrener Polarforscher ist er der ideale Mann schlechthin. Viktor ist ein Poet, ein Gentleman, ein Bär, der vor Leben sprüht und in Aktion vor Kraft strotzt. Seine Energie und Ausdauer, aber auch sein Risikobewusstsein und seine Besonnenheit hat er auf zahlreichen Expeditionen ebenso unter Beweis gestellt wie seinen spitzbübischen Humor und seine ausgleichende und selbst in ausweglos scheinenden Situationen optimistische Art.

Viktor empfiehlt mir, Nikita Ovsianikov als zweiten russischen Teilnehmer einzuladen. Der Zoologe und Direktor für Umweltbildung im Wrangel Island State Nature Reserve ist einer der weltweit führenden Eisbärenexperten. Als preisgekrönter

Robert Mühlthaler und Nanuk in der Antonov AN-74

Diese Polynja im Austria-Sund mussten wir – wie schon Julius Payer – umgehen.

Nächste Seite:
Die Inselplateaus (hier: die Insel Salisbury mit dem Kap Fisher) tragen Eiskappen, von denen Auslassgletscher ins Meer fließen.

Polarfilmer und Autor ist es ihm ein besonderes Anliegen, den Schutz arktischer Naturlandschaften voranzutreiben und ein Bewusstsein für umweltgerechtes Reisen in der Arktis zu wecken. Nikita ist in der Nachkriegszeit im besetzten Wien zur Welt gekommen – und hat damit quasi österreichische Wurzeln. Er bringt auch die hervorragende Idee ein, als Schutz vor Eisbären seinen fünfeinhalb Jahre alten, schneeweißen Samojeden Nanuk, dessen Name in der Sprache der grönländischen Inuit »Eisbär« bedeutet, mitzunehmen. Eine Idee, die mir nicht nur sehr gut gefällt, weil sie eine bewährte Taktik ist, sondern weil auch Julius Payer auf seiner großen Schlittenreise drei Hunde mitführte. Nur, Nanuk wird keinen Schlitten ziehen, sondern sich voll auf seine Aufgabe als Eisbärenalarm konzentrieren können. Wir sind somit wohl die erste Polarexpedition, bei der wir Menschen das Futter für den Hund schleppen anstatt umgekehrt.

Auch für die Auswahl des österreichischen Partners sind die körperliche Leistungsfähigkeit und alpinistische Erfahrung Grundvoraussetzungen. Vielmehr jedoch zählen sein Herz für die Expeditionsidee und die Identifikation mit dem Projekt, also die richtige Einstellung. Denn für das Gelingen einer Expedition kommt es auf die »inneren Werte« der Mitglieder an. Der Erfolg von Polarexpeditionen liegt ja in der Kunst, Hindernisse aller Art gemeinsam zu überwinden. Alle sind aufeinander angewiesen. Expeditionen scheitern dabei in den wenigsten Fällen an mangelnden körperlichen Voraussetzungen. Das war zu Payers Zeiten nicht anders als heute. Da ich mit Robert Mühlthaler bereits mehrere Bergreisen unternommen habe und er sich durch einen besonderen Kampfgeist und eine unkomplizierte und verlässliche Art auszeichnet, freue ich mich, ihn für die Franz-Josef-Land-Idee gewinnen zu können.

Nun gehe ich daran, die umfangreiche Polarausrüstung für vier Mann zu organisieren. Ich verwende nur bestes und vor allem bewährtes Material. Aber sogar professionelle Teile adaptiere ich noch für die speziellen Bedürfnisse Polarreisender. Filigrane Reißverschlüsse werden durch massive, vereisungssichere Zipps ausgetauscht und erhalten große Griffschnüre, die sich auch mit Fäustlingen bedienen lassen. Um die Zelte sturmfester zu machen und das Eindringen wehenden Schnees zu vermeiden, lasse ich Sturmlappen an die äußere Zelthülle annähen. Die Kapuzen bekommen einen bewährten Pelzbesatz und die Sturmbrillen einen winddichten Nasenschutz, der das Beschlagen der Brille verhindert und gleichzeitig das Gesicht im Sturm wirkungsvoll schützt. Die Zugsysteme der Pulkas werden verbessert, und der Benzinkocher kommt auf ein speziell angefertigtes, stabiles Metallgestell. Diese und zahlreiche andere »Tricks« haben sich auf meinen bisherigen Polareinsätzen in Arktis und Antarktis bewährt, bei denen ich bisher insgesamt über ein Jahr lang in Zelten, Schnee und Eis gelebt habe.

Die Antonov auf Nagurskoe

Viktor Bojarski im Frachtabteil der AN-74

Montage der Gedenktafel am Kap Tirol

Beladen der MI-8-Hubschrauber

Funkerplatz im MI-8

Gedenktafel zu Ehren Johann Hallers und Alexander Klotz

Da das Pulkaziehen spezielle Muskeln und dabei vor allem die Rumpfmuskulatur belastet, beginnen Robert und ich uns bereits im Herbst 2004 in Tirol körperlich auf das Abenteuer vorzubereiten. Dazu ziehen wir ausgediente Autoreifen samt Stahlfelgen über einen Schotterweg 600 Höhenmeter auf die Rumer Alm an der Innsbrucker Nordkette hinauf. »Reifenschleifen« nennen wir unser neues Hobby. Mit der Zeit laden wir zusätzlich Steine auf. Um den Trainingsrhythmus einzuhalten und uns, wie wir uns zumindest einzureden versuchen, zusätzlich abzuhärten, ziehen wir auch bei miserablem Wetter los. Während des Winters halten wir unsere Grundlagenausdauer dann lieber durch regelmäßige Skitouren und Rodelwanderungen mit der Familie in Form. Ein vergnügt quasselnder und lachender Ballast auf der Rodel ist zudem viel unterhaltsamer als ein stummer Gummireifen. In den letzten Wochen vor dem Aufbruch in die Kälte schonen wir uns dann physisch und füllen unsere Reserven auf.

Alle Vorbereitungen sind erledigt, das Material zusammengestellt, die Logistik minutiös vorbereitet, die Kosten durch Sponsorzusagen abgedeckt. Nur ein kleines, aber grundlegendes Detail fehlt nach wie vor und bereitet mir schlaflose Nächte: die offizielle Einreiseerlaubnis. Zwei Wochen vor dem geplanten Aufbruch nach Russland am 25. April 2005 dann das erlösende Signal durch die russische Botschaft in Wien: Der Generalstab in Moskau erkennt an, dass unsere internationale Polarexpedition nur friedliche Ziele verfolgt und von höchsten Stellen unterstützt wird – und gibt grünes Licht. Für die »Payer-Weyprecht-Gedächtnisexpedition« erhalte ich tatsächlich eine einmalige Sondereinreisegenehmigung nach Franz Josef Land! Der gute Wille und der Kooperationsgeist der Völker Österreichs und Russlands haben gewonnen, heißt es. »Pojechali!« »Auf geht's!«

Der 19. April 2005 ist ein großer Tag für die Expedition. Die Expeditionsmitglieder, Mentoren und Sponsoren werden von Bundespräsident Dr. Heinz Fischer offiziell im prunkvollen Maria-Theresien-Zimmer der Wiener Hofburg vor der Abreise in die Arktis empfangen. Stanislav Osadchiy, der russische Botschafter, gibt sich die Ehre. Und extra aus Moskau ist Artur Chilingarov mit seinem Stab angereist und überreicht einen wunderschönen Eisbären aus wertvollem Porzellan: »Im Rahmen unserer Freundschaft ist die österreichisch-russische Expedition ein historisches Ereignis!« Auch Bundespräsident Heinz Fischer findet eindringliche Worte: »Die Expedition ist ein schönes Zeichen der Zusammenarbeit zwischen Russland und Österreich auf wissenschaftlichem Gebiet, das sich in viele andere Zeichen aus der letzten Zeit einfügt. Ich bin informiert, dass die ›Payer-Weyprecht-Gedächtnisexpedition‹ auch von Präsident Putin wohlwollend gesehen, begrüßt und unterstützt wird. Und das freut mich! In diesem Sinne sollten wir weiterarbeiten!«

Reise nach Franz Josef Land

Monoton summen die Düsentriebwerke der Antonov AN-74, einem Spezialflugzeug für die kurzen Schnee- und Eispisten Sibiriens. Die eigens für die Expedition eingesetzte Maschine ist auf Nordkurs. Ungefähr 2 800 Kilometer sind es von Moskau bis Franz Josef Land, dessen Nordspitze als nördlichste Landmasse Eurasiens nur 900 Kilometer vom Nordpol entfernt liegt. Viktor hat es sich im offenen Frachtraum auf dem festgezurrten Expeditionsgepäck bequem gemacht und tankt ein paar Stunden Schlaf. Durch ein rundes Plexiglasfenster beobachte ich die sturmgepeitschte Barentssee unter uns. Weiße Flugwasserfahnen zeichnen Streifenmuster in die bedrohlich dunkle See. Weiter im Norden sind Treibeisfelder die ersten Vorboten des nahen Eismeeres. Hier wirkt das Meer ruhiger und zunehmend gelassener. Im Gegensatz zu mir. Je näher wir unserem Ziel kommen, desto stärker spüre ich ein Kribbeln im Bauch, das sich wie eine Mischung aus belebender Ungewissheit vor einem Gipfelgang und beklemmender Nervosität vor einer Prüfung anfühlt. Auch Nanuk späht wie gebannt aus dem Kabinenfenster. Ob er ahnt, was ihm bevorsteht?

Neugierde macht sich breit. Trotz aller Routine und Gewissenhaftigkeit jagen mir nun unweigerlich Fragen durch den Kopf: Was erwartet uns? Wird das Eis noch begehbar sein? Wird das Material halten? Haben wir etwas vergessen? Haben wir uns ausreichend vorbereitet? Wie klein, verletzlich und ausgesetzt werden wir uns doch in dieser abgeschiedenen Welt fühlen; aber auch wie stark, wenn unser gewagter Plan gelingt. Ja, wenn. Eines weiß ich: Trotz bester Erfahrung, Training und Vorbereitung für alle denkbaren Situationen entscheidet die Natur über den Ausgang einer Expedition in die Arktis. Payers zweite Schlittenreise gibt uns zwar die Route zwischen den Inseln vor. Letztlich wird diese aber durch die unberechenbaren Eisverhältnisse bestimmt. Wie zu Payers Zeiten können je nach Witterung und Strömungen Eisbarrieren das Vorwärtskommen behindern oder die Sunde eisfrei und unbegehbar werden.

Plötzlich wird das Dröhnen der Düsentriebwerke leiser. Wir befinden uns im Sinkflug. Nun wird auch die Innentemperatur langsam gedrosselt, um uns beim Aussteigen keinem Kälteschock auszusetzen. Schicht für Schicht schlüpfe ich in die Polarkleidung. Und dann – als hätte ich einen neuen Schatz entdeckt – erblicke ich endlich die so lang ersehnten Inseln. Ich bin von ihrem Anblick überwältigt. Sie sind noch schöner, als ich sie über elf Jahre lang in Erinnerung behalten habe. In ein glitzernd weißes Schneekleid gehüllt, strahlt der Archipel aus dem tiefblauen Polarmeer. Kalte Nordwinde haben das driftende Meereis von der Südküste fortgetrieben. Ich bin dermaßen gerührt, dass ich beinahe vergesse, die Kamera zu bedienen. Die Eindrücke aus dem Flugzeug sind einzigartig. Ich gebe Julius Payer recht: Ja, es ist wirklich ein strahlendes Land!

Seit jeher liegt Franz Josef Land jenseits der Wahrnehmung. Aber wie entdeckt ist es eigentlich? Obwohl von sowjetischen Forschern jahrzehntelang studiert und heute durch Satellitentechnologie flächendeckend erfasst, zählt es im Westen noch immer zu den geografischen Marginalien – unbekannter als vokalreiche Miniinseln in Mikronesien oder isolierte Süßwasserseen im Sandmeer der Sahara. Dabei ist Franz Josef Land eine stattliche Gruppe von immerhin 191 bekannten Inseln, die sich zwischen der Barentssee und dem Nordpolarmeer zwischen 79° 46' und 81° 51' nördlicher Breite bei einer Nord-Süd-Ausdehnung von 230 Kilometern bzw. einer West-Ost-Ausdehnung von 375 Kilometern erstrecken. Der Archipel liegt am Nordrand des nur wenige Hundert Meter tiefen Kontinentalschelfs der Barentssee, der weiter nördlich in das über 4 000 Meter tiefe Nordpolarmeer abstürzt. Die Inseln sind

Vorherige Seite:
Kap Fiume (464 m)
auf der Insel Champ

Nächste Seite:
Der über 30 m hohe
Steilabbruch des
Forbes-Gletschers
auf der Insel Wiener
Neustadt

durch tiefe Wasserstraßen, Sunde und Kanäle voneinander getrennt. Der sogenannte Britische Kanal und der Austria-Sund teilen den Archipel. Franz Josef Land hat eine Küstenlänge von circa 4400 Kilometern und eine Inselfläche von etwa 16000 Quadratkilometern, ist also mehr als doppelt so groß wie Galapagos und ungefähr so groß wie das Bundesland Steiermark oder der Freistaat Thüringen. Die größten Inseln sind Prince-George-Land (2741 km²), Wilczek-Land (2054 km²), die Insel Graham Bell (1708 km²) und Alexandra-Land (1051 km²).

Nach einem fünfstündigen Flug setzt der Pilot seine Maschine am 29. April 2005 um exakt 20.30 Uhr sanft wie eine Schneeflocke auf die Schneepiste der Polarstation Nagurskoe auf Alexandra-Land. Gefühlvoll bremst er die Maschine durch Gegenschub ab, ohne auf der schneeglatten Landepiste ins Schleudern zu kommen. Die Spannung steigt. Ich kann es kaum erwarten, auszusteigen. »Pass auf! Atme am Anfang nicht tief ein!«, warne ich Robert, damit er keinen Hustenanfall bekommt. Als die Heckklappen dann mit einigem Knarren geöffnet werden, nimmt uns ein eisiger, glasklarer Windstoß dennoch fast den Atem. Schon spüre ich das kitzelnde Kratzen der klirrenden Polarluft in meinen Bronchien. Aus der Antarktis weiß ich, dass sich die Lunge aber bald an die trockene und keimfreie Kälte gewöhnen wird. Franz Josef Land! Ganz bewusst setze ich meinen Fuß in den Schnee – und atme auf. Zumindest mental.

Ein brummender Militärlastwagen steht schon bereit, um unser Gepäck zur Station zu transportieren. Einige Soldaten in grünen Tarnanzügen beobachten uns zuerst etwas skeptisch und distanziert. Kommen wir bunten Vögel doch als einige der ersten Ausländer überhaupt in diese nördlichste, auch heute noch geheimnisumwitterte Militär- und Grenzschutzbasis Russlands. Die Soldaten packen dann beim Umladen aber tatkräftig und hilfsbereit an. Und der junge Kommandant lädt uns offenherzig ein, in seine überheizte Station zu kommen. Die Glückwünsche der Offiziere für eine gute Reise durch den Archipel sind ebenso warmherzig wie ehrlich. Denn sie wissen, was es heißt, sich durch Eis und Schnee zu kämpfen. Und so würdigen sie dann unser gewagtes Vorhaben, indem sie uns die begehrte Metallbrosche verleihen, die uns als hundertfache Eispatrouillengänger ihrer Einheit auszeichnet.

Es gibt weder Radio noch Fernsehen, von Internet ganz zu schweigen. Die Soldaten freuen sich daher, dass wir am Abend vor der versammelten Mannschaft mit einigen Vorträgen etwas Abwechslung bieten. Nikita referiert über Eisbären, Viktor über die Expedition von Julius Payer und Karl Weyprecht und ich über die wechselvolle Geschichte Österreichs und die Befreiung vom Hitlerregime, aber auch über die Besatzung durch die Rote Armee, unter der die österreichische Bevölkerung litt. Ein Offizier zeigt uns eine leere Landmine und den Deckel eines Treibstofffasses, an sich ja keine außergewöhnlichen Gegenstände auf einer Militärbasis. Doch die beiden Relikte stammen aus dem Zweiten Weltkrieg. Den Schriftzug »Wehrmacht« auf Franz Josef Land zu finden macht mich schaudern. Ganz in der Nähe befinden sich die Reste der deutschen Kriegswetterstation mit dem Tarnnamen »Schatzgräber«. Unbemerkt von den Sowjets gelang es den Deutschen, meteorologische Daten aus diesem Teil der Arktis für den Schiffsverkehr im Nordatlantik zu sammeln. Das Unternehmen scheiterte aber sehr unheldenhaft, als neun von zehn Männern durch den Verzehr von rohem, trichinenverseuchtem Eisbärfleisch schwer erkrankten und die Stationsbesatzung in einer spektakulären Geheimoperation durch die Luftwaffe evakuiert werden musste.

Die Kugeln am Kap Triest sind das Ergebnis eines geochemisch-physikalischen Vorgangs, der zur Verfestigung von Sedimenten führt. Die Größe der durch Erosion freigelegten Sandsteinkugeln ist aber ein Rätsel.

Im Gymnastiksaal können wir unser Material sortieren und die Pulkas packen. Dabei wird ein Problem offensichtlich: Nanuk und der speziell angefertigte Eisbären-Warnzaun, der mit Stolperdraht und Leuchtpatronen knallend und blitzend auf Berührung reagiert, sind nicht kompatibel. »Nanuk«, unsere vierbeinige Eisbären-Alarmanlage, »könnte bei einer Eisbärenattacke blindlings in den Zaun hineinstürmen oder beim Herumstöbern Fehlalarme auslösen und verängstigt werden«, legt Nikita überzeugend dar. Kaum ein Mensch in Russland weiß mehr über die Polarbären als er. Deshalb folge ich auch seiner Empfehlung und lasse den Eisbären-Warnzaun auf Nagurskoe zurück. Ich entscheide mich also für die Natur und gegen die Technik. Nikita rät zudem, keine tödlichen Waffen gegen Eisbären mitzunehmen. Doch als Expeditionsleiter bestehe ich zur Sicherheit auf unsere beiden Zwölf-Millimeter-Pumpguns. Zum Glück, wie wir schon bald erleben sollten. In ihren Läufen steckt eine gestaffelte Botschaft für zudringliche Bären: zuerst Signalmunition und Gummigeschosse, erst dann die fatale Ladung aus Metall. Beim Packen übersehen wir, dass es bereits zwei Uhr morgens geworden ist. Kein Wunder, scheint doch ständig die tief stehende Sonne durch die gardinenverhängten Fenster herein. Es bleiben uns aber noch ein paar Stunden Schlaf auf der Polarstation, bevor wir zum Ausgangspunkt geflogen werden.

Franz Josef Land meint es gut mit uns. Bei perfektem Flugwetter, Windstille und −20 °C Lufttemperatur starten wir am nächsten Morgen voller Spannung. Seit einiger Zeit schon hören wir die schrill heulenden Turbinen der zwei schweren MI-8-Großraumhubschrauber, die gestern extra für uns aus Severnaja Semlja gekommen sind. Sie müssen langsam warm laufen, die Schmieröle dünnflüssig werden. Beim Start rütteln die Hubschrauber heftig. Den in lautem Stakkato knatternden Rotoren gelingt es tatsächlich, die schwer beladenen MI-8 in die Lüfte zu heben. Durch die zwei riesigen Zusatztanks, die für die extrem lange Flugdistanz hierher nach Franz Josef Land eingebaut werden mussten, wird es mit unseren fertig gepackten Expeditionspulkas selbst in den riesigen MI-8 ganz schön eng. Aus zwei geöffneten Luken im hinteren Teil des Ungetüms können wir ungehindert Luftaufnahmen machen. Da ich die Transporthubschrauber gechartert habe, fliegt der Pilot auf meinen Wunsch noch zwei Abstecher. Zur ersten Zwischenlandung setzt er auf der Insel Champ auf. An den Abhängen des Kap Triest liegen perfekt runde Kugeln, die größten mit drei Meter Durchmesser. Die kleinsten haben Murmelgröße. Große und kleine Naturwunder! Welche Schöpferlaune hat sich hier wohl ausgetobt? Von welcher Zyklopenschlacht zeugt diese liegengebliebene Schleudermunition? Versteinerte Dinosauriereier? Spielbälle von Riesen? Die Kugeln bleiben ein bizarres Geheimnis von Franz Josef Land.

Bei einer weiteren Zwischenlandung am Fuße des Kap Tirol montieren wir eine schwere Bronzetafel an einem Basaltblock auf 80° 50' 36,5" nördlicher Breite und 58° 56' 49,2" östlicher Länge. Um das gemeinsame Anliegen symbolisch zu betonen, bohrt jeder von uns vier Expeditionsmitgliedern eines der vier Löcher für die Verankerungsschrauben in den Fels. Feierlich weihen wir sie in einer kleinen Zeremonie ein. Viktor und Nikita geben drei Salutschüsse mit der Signalpistole ab. Dann fliegen uns die beiden schweren Transporthubschrauber über den Austria-Sund an den eigentlichen Ausgangspunkt unserer Skiexpedition, 230 Kilometer vom Militärstützpunkt Nagurskoe auf Alexandra-Land entfernt. Wir werden wie geplant auf der Südspitze der Insel Wilczek ausgesetzt. Genau dort, wo Franz Josef Land am 1. November 1873 zum ersten Mal betreten wurde.

Aussetzen – ausgesetzt sein. Das hat für uns nicht dieselbe Bedeutungshärte wie für Julius Payer und Karl Weyprecht. Denn wir können uns auf moderne Expeditionsausrüstung, Kugelkompass, Satellitennavigation und -telefone sowie Informationen europäischer Wetter- und Eisaufklärungsstationen stützen. Wichtiger noch: Wir könnten uns im Extremfall innerhalb weniger Tage per Hubschrauber retten lassen – sofern es das Wetter erlaubt.

Das einsame Grab

Bevor die beiden MI-8 ihre weite Rückreise zum Festland antreten, donnern sie noch einmal zum Abschied in Formation knapp über unsere Köpfe hinweg und drehen dann Richtung Süden ab. Eine Weile noch schaue ich den dicken Brummern nach, bis sie verstummen. Myriaden glitzernder Schneekristalle, die beim Start hoch aufgewirbelt wurden, laden bereits zum Träumen ein. Ich fühle mich wie im Paradies und lege mich erst einmal in Ruhe auf den harten Schnee, schließe die Augen und atme bewusst ein paar kräftige Züge dieser fantastisch reinen, kalten Polarluft ein. Es ist, als hörte ich meinen eigenen Pulsschlag. Unglaublich! Ich habe es tatsächlich geschafft. Endlich wieder hier zu sein, wo ich mich so viele Jahre hingeträumt habe. Mitten in dieser blendend weißen Wildnis, ausgesetzt und ganz auf uns allein gestellt. Ich fühle mich unbeschwert, weit weg und frei. Und ich will es gar nicht verheimlichen, in diesem Moment auch stolz zu sein, dass all die Bemühungen trotz so vieler Rückschläge letztlich doch gefruchtet und mich mit einem kleinen Team wieder nach Franz Josef Land gebracht haben. Nach all den bisherigen Hindernisparcours steht nun wohl der schönste Teil der Aufgabe bevor: das Gehen und Leben im Eis. Ich brenne darauf, die Inseln nun endlich selbst »entdecken« zu können.

Ich genieße die ersten Schritte im knirschenden Schnee. Was für eine Stille! »Einsamkeit«, mit der die unbeschreibliche Ruhe der Arktis oft verbunden wird, fühle ich aber nicht. »Einsamkeit« hat für mich einen negativen Sinn und ist wohl eher in der Anonymität einer Großstadt zu finden. Hier aber, so weit weg von allen Wegen der Zivilisation, ist es für mich vielmehr »Menschenleere«, die fasziniert oder bedrückt – niemanden aber unberührt lässt. Bei Robert löst die Stille nach dem Abflug der beiden Hubschrauber mulmige Gefühle und eine gewisse, wie er es nennt, »inwendige Klammheit« aus. Nun wird ihm die Abgeschiedenheit, in der wir uns befinden, erstmals so richtig spürbar und bewusst. Ganz unvermutet drückt diese Last plötzlich auf sein

Hier ruht
Otto Krisch
Maschinist der östreichischen arct. Expedition
gest an Bord des Schiffes Admiral Tegethoff
am 16t März 1874 29 Jahre alt
Friede seiner Asche!

Mit Kopien von Payers Stichen im Gepäck können wir nachvollziehen, wie Otto Krisch zu Grabe getragen wurde.

Gemüt. Und das umso mehr, je näher wir uns einem verwitterten und durch die Polarsonne grau gebleichten Holzkreuz am Rande der Steilklippe nähern. Wortlos wandern Robert und ich darauf zu und lesen die Inschrift auf der kunstvoll gravierten Metalltafel.

131 Jahre lang hat es Winterstürmen und Eisbärenpranken standgehalten. Es ist das Grabkreuz des Schiffsmaschinisten Otto Krisch, der während der historischen Expedition, durch Skorbut geschwächt, an Tuberkulose starb. Er wurde hier auf der Insel Wilczek zu Grabe getragen. Zwischen den Basaltfelsen erblicke ich eine kleine, schneeverwehte Rinne zum zugefrorenen Meer hinunter. Über diesen Zugangsweg muss Julius Payer das Land zum ersten Mal betreten haben. Heute umgibt diesen Ort eine besondere Aura. Ich stelle mir vor, wie es damals gewesen sein mag, und vergegenwärtige mir die Szenerie mit einem Bild und einem Zitat aus Payers Buch: »Schweigend und gegen heftiges Schneetreiben kämpfend, zogen wir hinaus durch die trostlosen Schneegefilde, nach anderthalbstündiger Wanderung hinan zur Höhe der Wilczek-Insel. Hier, zwischen Basaltsäulen, nahm eine Kluft seine irdische Hülle auf, überragt von einem einfachen Holzkreuze – eine traurige Stätte der ewigen Ruhe inmitten aller Symbole des Todes und der Abgeschiedenheit, fern von allen Menschen. Wir knieten im Umkreise des Grabes nieder, bedeckten es mit mühsam losgebrochenen Steinen, der Wind verhüllte es mit Schnee. So stirbt man am Nordpol, allein und wie ein Irrlicht erlöschend.«

Vorherige Seite:
Fünf Kilometer vor der Insel Wilczek überstand die *Tegetthoff* die zweite Polarnacht.

Zum Kap Tegetthoff

Übersichtliche Packordnung im Pulka

Wir wagen es kaum, das Kreuz zu berühren, können aber dann doch nicht widerstehen, ziehen unsere Windstopperhandschuhe aus und ertasten mit den Fingerspitzen behutsam die Strukturen des Holzes. Es ist ein bewegender Moment, denn wir haben im wahrsten Sinne des Wortes Kontakt mit der Vergangenheit. Kaum zu glauben, dass es wirklich noch das Originalkreuz ist. Und schön, dass es noch hier an seiner ursprünglichen Stelle steht, wo es seine mystische Wirkung entfaltet.

Mein Blick streift über die tief verschneiten Basaltklippen der Insel Wilczek hinaus auf die Eisflächen und die aufgetürmten Eispressungen des gefrorenen Meeres. Viktor, der nun ebenfalls zu uns gestoßen ist, zeigt auf eine Stelle mitten im endlosen Eisgewirr: »Dort draußen, fünf Kilometer weit entfernt, muss die *Tegetthoff* im Eis festgesteckt haben.« Alle Träume und Hoffnungen waren buchstäblich auf Eis gelegt. Das Schiff trieb im November 1873 schon einen Sommer, einen Winter und abermals einen Sommer in der nördlichen Barentssee, gefangen im eisigen Würgegriff der Schollen. Eispressungen hatten den Schiffskörper zu sprengen gedroht, Melancholie und die beginnende Polarnacht die Gemüter der Besatzungsmitglieder verfinstert. Tiefgefrorene Tristesse hing an den vereisten Rahen. Vor der Besatzung lag die zweite, mehrmonatige Polarnacht, an deren Ende das Schiff wieder nicht freikommen würde. Ein Verhängnis, das die Besatzung heraufziehen sah, aber nach Möglichkeit nicht besprach. Und auch den tuberkulösen Husten des Maschinisten Krisch überhörte sie geflissentlich. Er hatte sich erstmals bemerkbar gemacht, als die 100 PS starke Dampfmaschine stillgelegt wurde. Ein Omen? Hafenlos und vom Eis gefesselt verbrachte die Besatzung der *Tegetthoff* nicht weit von unserem Standort entfernt ihren zweiten Polarwinter.

Wir sind uns einig, den ersten Tag nicht einfach so ausklingen zu lassen, sondern ihn noch zumindest eine symbolische Stunde lang nach Norden im wahrsten Sinne des Wortes anzugehen. Außerdem sollten wir doch besser unser Zelt außerhalb der eisbärträchtigen südlichen Küstenzone aufbauen. Wir schlagen den Landweg quer über die Insel Wilczek ein. »Mit unbeschreiblicher Freude begannen wir das harte Automatentagewerk des Schlittenziehens«, beschrieb Julius Payer seine Gefühle beim Aufbruch zur großen Schlittenreise. Auch ich empfinde das nicht viel anders. Als Transportmittel verwendete Payer einen 800 Kilogramm schwer beladenen Holzschlitten, der von sieben Männern und drei Hunden zusammen gezogen wurde. Wir hingegen ziehen – jeder für sich – einen circa 90 Kilogramm schwer beladenen Pulka, eine zwei Meter lange Kunststoffwanne mit Gleitflächen und einer Abdeckplane. Mit einem Zuggeschirr schleppen wir unser gesamtes Material samt dem gefrorenen Rentierfleisch für unseren »Sir« Nanuk mit. Ein Depot wollten wir uns auf keinen Fall einfliegen lassen. Unsere Füße stecken in dreilagigen, warmen, aber behäbigen Expeditionsschuhen, die sowohl als Ski-, aber auch als Bergschuhe taugen. Nur Nanuk stöbert leichtfüßig und gänzlich unbeschwert über zugefrorene Sunde und Inseln. Ein seltenes Privileg für einen Polarhund. Bei Payer musste seinesgleichen den klobigen Schlitten ziehen, zusammen mit den sechs ausgewählten Männern.

Doch die erste Stunde bringt gleich die Ernüchterung. Ich hänge mich voll in meine Zuggurte, plage mich und keuche wie ein Ackergaul. Trotz des intensiven Trainings mit den Autoreifen ist das Pulkaziehen doch viel anstrengender als erwartet. Ich habe es mir bei Weitem nicht so schwierig vorgestellt. Bergauf ist der beladene Pulka noch schwerer, und seine Kufen gleiten auf dem eiskalten Schnee sehr schlecht. Die Gleitflächen ächzen und quietschen, wenn sie über den trockenen Schnee wie grobes Schmirgelpapier schleifen. Das darf doch nicht wahr sein! Wir kommen in einer geschlagenen Stunde nur einen einzigen müden Kilometer voran. Fix und fertig lasse ich mich auf dem Pulka nieder. »Na bravo! Wenn das so weitergeht …«, ich will den

Gedanken gar nicht zu Ende führen und schaue, wie die Gefährten reagieren. Auch sie schauen gequält, aber keiner signalisiert den geringsten Zweifel. »Hatte Payer etwa doch recht mit seiner Einschätzung, die Insel Wilczek sei für belastete Schlitten unpassierbar«, geht es mir durch den Kopf. Ich behalte Payers Gedanken lieber für mich. Vielleicht hätte meine schlechte Stimmung ja in eine kleine Krise umschlagen können, hätte ich in der Antarktis nicht schon viel schwierigere Situationen bei viel größerer Kälte erlebt und mich nicht schon viel müder gefühlt.

Wir schlagen unser erstes von insgesamt siebzehn Lagern auf. Eine polare Skiexpedition heißt, jeden Tag Zelte auf- und wieder abzubauen, Pulkas aus- und wieder einzupacken, Schnee zu schmelzen und Material zu reparieren. Vergnügt beobachte ich unsere beiden russischen Freunde, wie sie beginnen, ein System in ihre Lagerarbeit zu bringen. Aber auch Robert und ich müssen uns erst mit unserer Ausrüstung und der besten Packordnung im Pulka und im Zelt vertraut machen. Es wird noch zwei, drei Tage dauern, bis die tägliche Lagerroutine eingeschliffen ist und wirklich jeder Handgriff sitzt. Hochleistungsexpeditionen sparen gerade durch eine effiziente Lagerarbeit viel Zeit ein, die fürs Gehen oder Ausruhen genützt werden kann. Gut, dass wir hingegen mit unserer Zeit nicht so geizen müssen.

Am kommenden Morgen machen wir uns wieder guter Dinge auf den Weg. Ich spure voran und halte auf den tiefsten Punkt zwischen zwei sanften Eiskuppen zu. Nach Überschreiten des 120 Meter hohen Sattels läuft es sich bergab auf einmal viel leichter. Dennoch müssen wir höllisch aufpassen, denn nun macht uns die Orientierung zu schaffen. Bei völlig bedecktem Himmel erscheint die Landschaft vor uns in einem kontrastlos milchigen Weiß. Je weiter wir nach Norden hin absteigen, desto steiler neigt sich der Hang, den wir queren. Ich darf auf keinen Fall zu früh nach Osten zur Küste gelangen, denn dort bricht der Gletscher in einer Eiswand über zehn Meter tief senkrecht ab. Immer wieder pendelt der schwere Pulka zur Seite und reißt mich beinahe von den Beinen. Würde ich bremsen und ihn halten können, wenn auch ich mit meinen Skiern ins Schlittern käme? Oder würde er mich geradewegs auf die Abbruchkante und in den Abgrund mitziehen? Es ist eine gefährliche Situation. Und auch hinter mir kämpfen die Freunde mit ihren unfolgsamen Pulkas.

Vorherige Seite:
Gelassen beobachten die Eiskobolde, wie wir uns abmühen.

Zusammengestauchtes Eis, an dem Meerwasser aufgedrungen ist, erinnert daran, dass wir zu Fuß eine »Seereise« unternehmen.

Schließlich finde ich eine geeignete Stelle, an der wir die Insel verlassen können. Durch die Winterstürme hat sich eine Schneewechte gebildet, die einen sanften Übergang vom Gletscher auf das Meereis bildet und meinen Spieltrieb weckt. Ich schnalle den Pulka ab und lasse ihn alleine über den Hang und den Auslauf auf das Meereis gleiten. Nikita setzt gleich noch eins drauf, sich selbst auf seinen Pulka und reitet den Hang hinab: »Yeehaa!«

Auf Payers Spuren geht es dann über den zugefrorenen Meeresarm weiter nach Norden. Die Schneeoberfläche erscheint wie ein erstarrtes Meer aus windmodellierten Schnee- und Eiswellen, die das Vorwärtskommen erschweren. Die Spannung des Zugseiles ist mörderisch, trotz der harten Trainingseinheiten. Schmerzhaft ziehen und drücken die Zuggurte auf Hüfte und Schultern. Was, wenn wir nicht daheim so geschwitzt und geschuftet hätten? So richtig lästig wird es dann, wenn die Pulkas die sturmgefrästen und scharfkantigen Eiswellen, Sastrugis genannt, hinabgleiten und immer wieder umkippen oder uns gar in die Fersen rumpeln. Das ist auch nicht ungefährlich. Denn ein unkontrollierter Sturz oder eine Bänderzerrung durch einen Aufprall des schweren Schlittens gegen den Unterschenkel wäre schon am zweiten Tag das Aus der Expedition. Auch die vielen kleinen Presseisrücken aus zusammengeschobenen Schollen bringen uns aus dem Rhythmus. Immer wieder heißt es, die Pulkas ausklinken, über die ineinander verkeilten Eisplatten heben und hinwegbugsieren, was sehr viel Zeit und Energie kostet. Obwohl wir zudem noch unsichere Eisflächen passieren und offene Wasserstellen im Zickzackkurs umgehen müssen, legen wir mit unseren klobigen Polarbergschuhen circa 15 Kilometer Luftlinie in den sechs Stunden Marschzeit zurück, die wir uns täglich vorgenommen haben. Manchmal mehr, manchmal weniger. Auf gefrorenem Meereis geht es sich schwerer und

Kurz vor Mitternacht im Austria-Sund: unser Lager mit improvisiertem »Eisbär-Warnzaun«

gefährlicher als auf flachem Inlandeis, wo viel größere Tageskilometerleistungen möglich sind. Bei der Durchquerung Grönlands mit Skiern und Hundeschlitten zwei Jahre zuvor legte ich mit meinem damaligen Team manchmal über 40 Kilometer an einem Tag zurück! Mit Segelschirmen wären noch längere Etappen möglich.

Für Robert kommt zum nervigen Geruckel am Zuggeschirr noch eine echte Plage hinzu: Blasen. Schon bald ist die Haut an seinen Fersen weggefetzt bis aufs blutige Fleisch. Im Zelt versuche ich, Roberts Wunden notdürftig mit Desinfektionsmittel, Spezialpflaster und Tape zu verarzten. Ich tupfe, schäle, träufle und bandagiere. Eines ist klar: Wir befinden uns auf keiner Alpenwanderung, die man wegen Unpässlichkeit abbrechen könnte. Robert hat als ehemaliger Spieler der österreichischen Handball-Nationalmannschaft zum Glück einen guten Trainingsstand im Schmerzenwegstecken. Und er zitiert – nur um die Maßstäbe ein wenig zurechtzurücken – im Zeltlager, die bandagierten Füße auf dem Schlafsack ausgestreckt, aus Payers Expeditionsbericht. Der Jäger Klotz, heißt es da, musste einmal eine Etappe abbrechen und zurück ins Lager geschickt werden, weil er wegen eines entzündeten Fußes nur noch in Fellschuhen gehen konnte. Payer berichtete lakonisch von erfrorenen Händen und Füßen, die in schmerzhaften Prozeduren wieder lebendig gerieben werden mussten, erwähnte Schlafmangel, Erfrierungen und Schneeblindheit, sprach von feuchtklammer, schwerer Kleidung und Erschöpfungsschlaf unter der gemeinsamen schweren Decke, über sich die knochenhart gefrorene Leinwand des Zeltes, von der Schneekristalle rieselten.

Wir hingegen gehen in wasserdampfdurchlässiger Expeditionskleidung und schlafen in sturmfesten Kunststoffzelten. Es schüttelt mich dabei mehr als nur einmal, wenn ich an unsere historischen Vorläufer denke. Und auch Robert, der sich den Schmerz der wunden Fersen tagelang verbeißt, ist sich bewusst: Allein mit Blick auf unsere Satellitennavigationsgeräte und die beiden Satellitentelefone verbietet es sich, uns irgendwelche Tapferkeitsmedaillen umzuhängen. Die Pioniere gingen damals in unbekanntes Land, wussten nicht, ob die Eisfläche hinter ihnen stabil genug für die sichere Rückkehr zur *Tegetthoff* bleiben würde. Wenn nicht, wäre das ihr Ende gewesen. Wir könnten im Ernstfall binnen weniger Tage einen Hubschrauber anfordern. Und ein solcher Zwischenfall sollte sich bereits in der zweiten Nacht ereignen. Es war fast schon wie ein dramaturgischer Schnitt in einem Kinofilm.

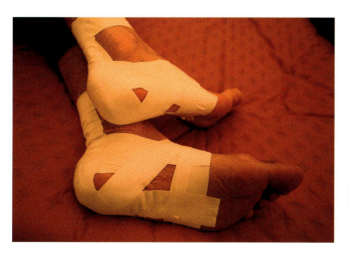

König der Arktis

Robert hat gerade das Kochen beendet und ich über Payers Eisbärjagdmethode – drei Mann kniend, auf dreißig Meter, drei Schüsse – gelesen, als draußen vor dem Zelt plötzlich so ein kurz gestoßenes, heiseres Fauchen zu hören ist, dass uns das Blut in den Adern gefriert. Gleich darauf ein Kratzen im verharschten Schnee. Nanuk? Und wenn nicht? Wenn tatsächlich …? Ich wage den Gedanken kaum fortzusetzen, denn unser Gewehr liegt zwar schussbereit, aber außer Griffweite in meinem Pulka vor dem Zelt, damit es nicht von der Kondensationsfeuchtigkeit im Zelt angegriffen wird. Eine fatale Vorsicht. Für Sekunden zeichnet die Mitternachtssonne einen übergroßen Schatten auf die Zeltwand. Warum um Gottes willen schlägt der Hund im Nachbarzelt der Russen nicht an? Wie war das noch? Verdammt, wie war das noch? Laut reden? Nein, nicht laut reden, sonst kommt er ins Zelt und schaut nach. Ein Eisbär im Zelt ist definitiv das Ende. Trillerpfeife, Schreckschusspistole, Pfefferspray – alles irgendwo im Zelt. Aber wo?

Robert klatscht beherzt in die Hände, und der große Schatten schwankt tatsächlich ein paar Meter rückwärts. Die Pranken ziehen Knirschspuren in den verharschten Schnee. Ein sehr tiefes Grummeln aus der Kehle des Bären klingt wie: »Na wartet, ich krieg euch!« Dann endlich ist da Nanuks sich überschlagendes Hundegebell. Nikita stürzt aus dem etwas abseits aufgestellten Nachbarzelt fast nackt ins Freie, in einer Hand den Pfefferspray, im Mund eine Trillerpfeife. Aber der Bär, ein wuchtiges Männchen und ein laut unserem Eisbärexperten *highly motivated animal*, bewegt nur den schlanken Hals mit dem markanten Dreiecksschädel in Richtung Nanuk, der keine fünf Meter vor ihm giftig bellend in Anschlag gegangen ist. Kein wirklicher Gegner für den König der Arktis, der erneut gegen unser Zelt vorrückt. Viktor zerrt mit fliegendem Puls seine Pumpgun aus dem Pulka. Die Signalmunition, die über den Eisbärschädel zischt, beeindruckt das zudringliche Pelztier wenig. Die Hartgummigeschosse, zweite und letzte Warnstufe vor der scharfen Munition, nötigen ihn kurz in den Rückwärtsgang, was Nanuk zu einem furiosen Scheinangriff ermutigt. Bis unter die Schädeldecke voll mit Adrenalin, greift sich Nikita jetzt eine schwarze Jacke und veitstanzt dem Bären trillernd, zappelnd, brüllend wie ein Polargespenst entgegen. Und langsam, meterweise, so als wolle er nicht das Gesicht verlieren, schwenkt der Riese tatsächlich ab.

Fassungslos und mit weichen Knien starren wir einander an. Nikita nennt den Zwischenfall wenig später einen von nur zwei aus der Gesamtzahl seiner Zighundert Begegnungen mit Eisbären, die übel hätten ausgehen können. Nanuk, der die Annäherung des Bären in der windabgewandten Apsis des Russenzeltes verschlafen hat, ist von nun an ein feinsensorisches Frühwarnsystem auf vier Beinen, ruht nächtens halb wach vor dem Zelt, umkreist uns aufmerksam auf dem Marsch, checkt in den gefrorenen Sunden in mehreren Hundert Meter Umkreis jeden Eisrücken auf Bärenreinheit, sichert jede Gletscherkante am Weg.

Auch Nikita ist beunruhigt. Wir improvisieren ab jetzt einen Eisbärenzaun aus Kletterseil, Skistöcken, Ski, aufgehängten Steigeisen, Karabinern und Eisschrauben – die Hightech-Ausführung liegt ja im Depot im Westteil des Archipels. Das Scheppern der Metallteile beim Hineintappen eines nächtlichen Besuchers soll verhindern, dass sich wieder ein Bär unbemerkt bis an die Zelte schleicht. Aber eigentlich ist es wohl mehr eine psychologische Barriere für uns gegenüber der Welt draußen. Auch die Großkalibergewehre mit der dreifach gestaffelten Ladung liegen nun immer in Griffweite. Sie sind zwar stets geladen und schussbereit, doch bleiben sie seit dem zweiten Nachtlager stumm und unbenutzt. Denn alle anderen Eisbären, die sich uns in den kommenden Tagen neugierig bis angriffslustig nähern, reagieren wie gewünscht auf Nanuks vorsorgliche Ekstasen und Nikitas Abwehrtanz. Signalpfeifen und Signalpistolen reichen zusammen mit Nanuk aus, die Eisbären auf Distanz zu halten und in die Flucht zu schlagen. Damit müssen wir als moderne Polargeher, und das ist mir sehr wichtig, auch Nikitas ethischen Imperativ nicht verletzen, der da lautet: »Wer sich heutzutage vor Eisbären nur schützen und überleben kann, indem er sie tötet, hat in der Wildnis der Arktis absolut nichts verloren!«

Mutig vertreibt Nanuk einen Eisbären.

Größen- und Chancenvergleich

Das sahen die Entdecker von Franz Josef Land freilich anders. Sie erlegten während ihrer zweieinhalbjährigen Reise nicht weniger als 67 Bären, aßen ihr Fleisch mit mehr oder minder Appetit und verfütterten es an die Schlittenhunde. Das war damals üblich, denn ohne Bären- und Robbenfleisch wäre keine der frühen Arktis-Expeditionen möglich gewesen. Wir haben heute bessere Mittel, uns zu ernähren und die Bären von uns fernzuhalten als zu Zeiten Julius Payers, der eine Jagdszene so dokumentiert: »Der Bär erhielt drei Schüsse zur gleichen Zeit, blieb zuerst wie angewurzelt stehen und schleppte sich dann davon. Im vollen Lauf eilten wir ihm nach; unsere Patronen zu sparen, erschlugen wir ihn mit Gewehrkolben und erstachen ihn mit langen Messern. Dann bemächtigten wir uns fünfzig Pfund seines Fleisches.« Wie lebensverachtend die historische Polarexpedition vorging, zeigt eine weitere traurige Begebenheit: »Am 1. August fiel eine Bärin nach einem furchtbaren Feuer; rührend war es zu sehen, wie ihr Junges herbeieilte, sie mit der Schnauze liebkosend, um sie mit allen Zeichen der Angst wieder aufzurichten und zugleich die Hunde abzuwehren, welche sie voll Zudringlichkeit umringten. Noch einige Schüsse fielen, und auch das Junge lag todt neben der Alten.« Eisbären, auf die man damals nicht schoss, waren eher eine Ausnahme und wurden in den Tagebüchern explizit vermerkt.

Franz Josef Land gehört heute zu den wichtigsten Eisbärgebieten der Arktis. Da die Inseln jahrzehntelang als Militärsperrgebiet unzugänglich waren, konnte sich hier eine Population entwickeln, die nur selten Kontakt mit Menschen hat. Dementsprechend neugierig, furchtlos und unberechenbar sind die Eisbären, die wir hier antreffen. »Es wäre bei einem Eisbärenkontakt das Dümmste, davonzulaufen«, warnt uns Nikita, »denn das würde den Jagdinstinkt selbst des gutmütigsten Bären auslösen und ihn zum Angriff provozieren.« Wir machen gerade unsere Mittagspause und ruhen uns eine Viertelstunde lang im Windschutz der Pulkas auf dem Schnee sitzend aus. Nikita erforscht Eisbären hauptberuflich und nützt die Gelegenheit, uns über das größte, stärkste und gefährlichste Landraubtier der Erde näher aufzuklären: Was sie fressen, will Robert wissen. »Robben, Vögel und Gelege. Sie schrecken aber auch nicht davor zurück, Walrosse und sogar Wale anzugreifen.« Sie haben einen außerordentlich guten Geruchssinn und können angeblich eine Robbe – und wohl auch den bratenden Speck einer Skiexpedition – aus einer Entfernung von über 30 Kilometern erschnüffeln. Es ist schon erstaunlich, wie sich die Eisbären an diese extreme Welt angepasst haben und in der kältesten Jahreszeit ihre Jungen gebären. »Während des Winters bringen die Muttertiere in der Regel zwei Junge in Schneehöhlen zur Welt, die sie im April hungrig und nervös verlassen, um ihre aufgebrauchten Energiereserven aufzufüllen«, weiß Nikita zu erzählen. »Im April und Mai ist übrigens auch Paarungszeit, und die Männchen sind voller Tatendrang auf der Suche und entsprechend aggressiv«, ergänzt Viktor. Eine spannende Zeit also, in der wir unsere Expedition durchführen. Die »Meerbären«, wie man *Ursus maritimus* ja eigentlich ihrem lateinischen Namen nach nennen müsste, haben keine natürlichen Feinde und sind seit 1973 international geschützt. Nur indigene Völker dürfen noch Eisbären jagen. Zum Glück für die Eisbären ist Franz Josef Land praktisch unbesiedelt.

Insgesamt begegnen wir auf Franz Josef Land neun Eisbären. Beruhigend wenige. Oder eher beunruhigend wenige? Nikita, der auf der russischen Insel Wrangel und in anderen Gegenden der russischen Arktis die Populationsschwankungen der Eisbären dokumentiert und zu erklären versucht, hätte auf Franz Josef Land deutlich mehr erwartet. Ist auch dieser Befund eine Auswirkung der Klimaerwärmung in den Polargebieten? Bekanntlich hängt die Verbreitung der Eisbären primär von der Ausdehnung des Packeises ab. Inzwischen weiß man auch, dass eine früher einsetzende

Eisschmelze die Frist verkürzt, innerhalb deren die Bären vom Eis aus Robben jagen können. »Die Jagdplattform taut ihnen praktisch unter den Tatzen weg. Werden die fetten Zeiten übers Jahr betrachtet kürzer, schlägt das unweigerlich auf die Kondition und verringert die Überlebenschancen«, erklärt uns Nikita. »Auf dem Weg zu lohnenden Jagdgründen müssen Eisbären zunehmend mehr Energie beim Durchschwimmen immer größerer offener Wasserflächen verbrauchen. Diese Energiereserven fehlen ihnen dann bei der Jagd und in Hungerzeiten. Übermäßig hungrige Bären sind gefährlicher für Menschen als Exemplare, die ausreichend Jagderfolg haben.« »Erklärt sich so auch die Dramatik unserer Nacht auf der Nordostspitze der Insel Wilczek?«, frage ich. »Ja, möglicherweise!«, antwortet Nikita.

Im Mai 2006 veröffentlichte die IUCN (International Union for Conservation of Nature and Natural Resources) die jüngste Rote Liste der vom Aussterben bedrohten Tier- und Pflanzenarten. Einer der prominentesten Neuzugänge war der Eisbär. Der Bestand der Kältespezialisten ist bereits weltweit auf circa 22 000 Tiere gesunken. Innerhalb der nächsten vier Jahrzehnte ist eine weitere Abnahme um ein Drittel zu befürchten. »Was kann man tun?«, fragt Robert, der sich in Tirol für den Erhalt der Artenvielfalt einsetzt. Nikita zieht einen ernüchternden Schluss: »Mit den üblichen Schutzgebieten ist den Eisbären nicht zu helfen. Mit der Abnahme des nördlichen Packeisgürtels schwindet auch der Lebensraum. Ohne wirksame Klimaschutzmaßnahmen könnte es in 100 Jahren gar keine Eisbären mehr geben.«

Vorherige Seite:
Ein hungriger Eisbär ist eine ernst zu nehmende Gefahr.

Nikita Ovsianikov setzt im Ernstfall auf resolutes Auftreten, Schneeschaufel, Signalpfeife und Pfefferspray.

Kap Tegetthoff

Signalpistole und Pfefferspray griffbereit und die geladenen Gewehre auf den Pulka geschnallt lassen wir die Insel Wilczek weit hinter uns. Unser nächstes Ziel ist Kap Tegetthoff jenseits des zugefrorenen Lavrova-Sunds auf der Insel Hall. Auf dem Weg dorthin passieren wir gestrandete Eisberge, die im Sommer bei Untiefen auf Grund gelaufen und jetzt festgefroren sind. Nachdem Nanuk sie gründlich ausgeschnüffelt hat, erkunden auch wir sie neugierig aus der Nähe und steigen sogar in ihre Risse und Spalten ein. Das tiefblaue Gletschereis ist glashart und enthält Luftbläschen. Nur die Spitze des Eisberges ragt meterhoch auf, sein größter Teil liegt tief unter uns. Es ist schon ein merkwürdiges Gefühl, auf solchen Kolossen herumzuturnen, die sich nur vorübergehend hier niedergelassen haben und irgendwann ihre Reise wieder fortsetzen oder zerbrechen werden.

Weithin sichtbar ragen die massiven Anhöhen und spitzen Felstürme eines Kaps über den Lavrova-Sund. Der markante Felsrücken aus schwarzem Basalt, der einst aus dem Erdinneren emporgequollen ist, erscheint mir aus der Ferne wie der Rückenpanzer eines urzeitlichen Sauriers. Julius Payer erreichte dieses Kap während seiner ersten Schlittenreise und schrieb darüber: »Vor uns lag jetzt das schroff abfallende Plateau Kap Tegetthoff, von dessen Höhe ein Basaltgang klippenreich gegen Osten herabzog, um mit zwei einzelnen Pfeilern von etwa zweihundert Fuß Höhe zu enden.« Dicht unter einem der beiden Felstürme schlug er sein Lager auf. Ich schätze, dass es für uns wohl noch drei oder vier Stunden Gehzeit sind, bis wir das Kap

Die Anhöhen des Kap Tegetthoff waren das erste Land, das die Expedition am 30. August 1873 sichtete. Am Fuße der bizarren Basaltnadel lagerte später Julius Payer (vgl. S. 24/25).

erreichen. Aber bald erkenne ich meinen Irrtum, denn auch nach sechs Stunden sind wir noch immer einige Kilometer weit vom Kap entfernt. Die Distanzen scheinen viel kürzer, als sie in Wirklichkeit sind. Die ungehinderte Sicht in der klaren Luft narrt meine in den Alpen geschulte Entfernungsschätzung. Gespannt blicke ich auf die Positionszahlen des GPS-Gerätes, als wir den ominösen 80. Breitengrad überschreiten. Während einer ausgiebigen Pause lassen wir uns zuerst diese Zahl und dann zur Feier ein paar Rippen Schokolade auf der Zunge zergehen. Da wir das Kap heute nicht mehr erreichen können, beschließen wir, hier mitten im Meer zu lagern, wo das Eis mit knapp eineinhalb Metern Dicke so fest ist, dass sogar ein Flugzeug darauf landen könnte. Nur das Knacken des Packeises unter dem Zeltboden erinnert uns immer wieder daran, dass solider Erdboden erst einige Hundert Meter tiefer unter dem Meer liegt.

Am Vormittag des dritten Marschtages wollen wir das Kap erreichen. Doch nun stellt sich ein neues Hindernis in den Weg, das wir wegen der Erdkrümmung auch durch das Fernglas nicht sehen konnten. Vor uns bis zum Kap breitet sich eine unübersichtliche Presseiszone aus, ein Labyrinth aus aufgetürmten Eisblöcken. Hier wurde durch Wind und Wellen das Packeis gegen die Küste gedrückt. »Mit den Schlitten haben wir hier stundenlang Arbeit, bis wir die Küste erreichen«, befürchte ich. Nach einer kurzen Abwägung der Vor- und Nachteile lassen wir dann – wenn auch mit etwas mulmigem Gefühl – die Pulkas doch zurück. Bei völlig bedecktem Himmel, −5 °C Lufttemperatur und – wie einst bei Julius Payer – einsetzendem Schneetreiben bahnen wir uns nur mit den Skiern und geschulterten Gewehren einen Weg durch das Eislabyrinth bis zum Kap. Der Schreck des brenzligen Eisbärenbesuches eine Nacht zuvor steckt uns allen noch in den Knochen. Daher wollen wir die Schlitten auch nicht lange alleine lassen, denn sie müssen für einen hungrigen Bären doch recht verlockend duften. Wir singen, pfeifen oder reden bewusst ganz laut, um ja nicht plötzlich einen zwischen den aufgetürmten Eispressungen schlummernden Eisbären zu überraschen. Das tierreiche Kap Tegetthoff und seine vereiste Küste sind ein ideales Jagdrevier für Bären. Schon von Weitem hören wir das Kreischen Hunderter Seevögel, die in den Felsentürmen nisten. Wir wollen uns ihnen nicht zu sehr nähern, um sie nicht unnötig in Aufruhr zu versetzen, und wenden uns lieber einigen Holzplanken zu, die wir auf einer verschneiten Strandterrasse finden. Es sind die Überreste des Winterlagers der amerikanischen Wellman-Expedition von 1898.

Während sich Payers Gefährten im Zelt die tauben Füße mit Schnee rieben – diese damals anerkannte Methode, Erfrierungen zu behandeln, ist heute längst tabu –, brach Payer mit den Bergsteigern Haller und Klotz auf, das steile Kap Tegetthoff zu besteigen. Das muss kein leichtes Unterfangen gewesen sein, denn es »bedurfte der außerordentlichen Gewandtheit der beiden Tyroler, die selbst in biegsamen Segeltuchstiefeln fähig waren, schroffe Eishänge hinanzuklimmen«. Auch wir würden das Kap gerne besteigen und wären wie Payer »so sehr auf den Anblick vom Gipfel aus gespannt«, doch das sich verschlechternde Wetter, aufkommender Wind und einfallender Nebel machen uns einen Strich durch die Rechnung. Ich bemerke plötzlich, dass meine Finger gefühllos geworden sind. Um keine Erfrierung zu riskieren, wechsle ich sofort die dünnen Windstopperfingerlinge gegen warme Wollfäustlinge und schwinge meine Arme so schnell es geht im Kreis, damit das Blut wieder mit dem charakteristischen pulsierenden Gefühl Tausender stechender Nadeln bis in die äußersten Fingerspitzen getrieben wird. Gleichzeitig denke ich daran, dass wir heute Landschaftsformationen per Kameraklick erfassen können, während Payer bei zweistelligen Minusgraden mit schwerem Gerät hantierte und mit klammen Fingern und Anflügen von Schneeblindheit zeichnete. Welcher Anstrengungen und Überwindung das bedurfte, können wir hier nachempfinden. Mit größter Hochachtung zollen wir Payers hingebungsvollem Einsatz, seiner Zielstrebigkeit und Willenskraft Respekt. Denn wo wir uns nach strapaziösen Tagesetappen gerne in winddichte Zelte verkriechen, kletterte Payer noch Hunderte Höhenmeter auf Felsvorsprünge, Inselklippen und Aussichtsplattformen hinauf, um Höhen- und Küstenlinien, Panoramen, Gletscherformen und den Verlauf der vereisten Sunde zu zeichnen.

Austria-Sund

Zurück bei den Pulkas, schwenken wir am vierten Tag unserer Reise vom Kap Tegetthoff aus nach Nordosten und folgen weiter der Route von Payers zweiter Schlittenreise, die ihn in den höchsten Norden des Archipels führte. Wir ziehen an der breiten Front des Sonklar-Gletschers vorbei, den Julius Payer auf seiner ersten Schlittenreise entdeckt hat und der sich heute durch einen traurigen Rekord auszeichnet. Seine Gletscherfront hat sich innerhalb von nur 50 Jahren um mehr als 3,6 Kilometer verkürzt. Über 13 500 Quadratkilometer, also nicht weniger als 85 Prozent der Landfläche Franz Josef Lands sind vergletschert. Fernerkundungsspezialisten stellten jedoch fest, dass es auf Franz Josef Land zwischen 1952 und 2001 zu einem Rückzug der Eisfronten und einem Verlust von nicht weniger als 375 Quadratkilometern, also knapp drei Prozent der Gletscherfläche gekommen ist. Den größten Schwund erlitt dabei der vor uns auf der Insel Hall liegende Sonklar-Gletscher.

Das Kap Osornij, eine flache Landspitze an der Halbinsel Littrow, die Julius Payer entdeckt und bei bester Fernsicht bestiegen hat, bietet uns einen ebenen, aber im dichten Nebel gespenstisch anmutenden Lagerplatz. Geheimnisvoll ist die Halbinsel allemal, denn sie birgt ein glaziologisches Rätsel. Jüngste Satellitenbilddaten lassen darauf schließen, dass zwischen ihr und der Insel Hall keine feste Landverbindung, sondern lediglich eine schwimmende Eisbrücke existiert, die einen Wasserkanal überspannt. Bricht diese Eisbrücke im Zuge der Klimaerwärmung zusammen, was bereits in wenigen Jahren der Fall sein kann, würde die »Halbinsel« womöglich zur »Insel« Littrow. Während so eine neue Insel entsteht, sind einige auch von der Erdoberfläche verschwunden, wie die Insel Perlmutt südlich der Insel Graham Bell oder die einst größte der Lyuriki-Inseln südlich der Insel McClintock. Möglicherweise waren das bloß riesige, auf Grund gelaufene Tafeleisberge, die mittlerweile das Weite gesucht haben. Diese und weitere Entdeckungen durch das Abschmelzen des Eises zeigen, dass noch längst nicht alle Geheimnisse Franz Josef Lands gelüftet sind.

Mit −18 °C ist es heute wieder kälter und angenehmer zu gehen. Aber es heißt aufpassen. Drei sich sonnende Robben und zahlreiche frische Prankenspuren warnen uns, dass wir offensichtlich ein Jagdrevier von Eisbären durchqueren. Wir nehmen die Insel Berghaus ins Visier. Sie sieht aus wie ein Vulkan, ist in Wirklichkeit aber ein Tafelberg und Überbleibsel einer einst viel größeren Landmasse. Durch tektonische Bewegungen der Erdkruste ist Franz Josef Land in viele Teile zerbrochen. Horste (Inseln) und Gräben (Sunde) prägen seine Topografie. In der späten Jura- und der Kreidezeit kam es auf Franz Josef Land zu gewaltigen Lavaergüssen. Die so entstandenen mächtigen Basaltdecken bilden die typischen Zeugenberg-Inseln mit ihren hohen Plateauflächen und schroffen, oft senkrechten Felswänden, die mit ihren Säulen und Rissen ideale Nistplätze für Vogelkolonien bieten. Langsam verschwinden die Spitzen des Kap Tegetthoff hinter uns am Horizont. In der Luft schwebende Schneekristalle reflektieren das Sonnenlicht. In einem gewissen Winkel zur Sonne erstrahlt sogar ein Eisregenbogen. Es ist windstill, aber etwas diesig. Trotz der Anstrengung

kann ich die faszinierende Welt aus Schnee und Eis auf mich wirken lassen. Wir durchqueren ein märchenhaftes Universum. Fabelhafte Wesen recken sich aus dem Eis, ein Pilz, ein Zwerg, eine Sphinx. Und ist das dort nicht der Bug der *Tegetthoff*? Der Fantasie der Natur scheint keine Grenze gesetzt zu sein. Wir passieren das durch die Winterstürme mit Anraumeis kandierte Kap Frankfurt, den südwestlichen Eckpfeiler der Insel Hall, und biegen in den Austria-Sund ein, den Payer messend, skizzierend, kartierend hinaufgezogen war, eine neue Welt zu erschließen. Links und rechts gesäumt von zahlreichen Inseln, war er für Payer der ideale Weg nach Norden.

Eine Skiexpedition durch eine so wenig bekannte Region der Erde wie Franz Josef Land ist emotional eine ganz besondere Reise für mich. Umso mehr, wenn Musik die Impressionen und Melodien dieser Gegend untermalt. Mit Sphärensound von Moby aus dem MP3-Player im verstöpselten Ohr gleite ich durch diesen zauberhaften, ja geradezu überirdisch anmutenden Kosmos. Ich fühle mich wie ein Raumfahrer auf einen anderen Planeten versetzt. Abwechslungsreiche Musik treibt mich voran: Hardrock von Led Zeppelin, Country-Folk von Neil Young, klassische Töne der Wiener Philharmoniker.

In der Abgeschiedenheit und Unberührtheit der unerbittlichen Wildnis bin ich ständig einem Wechselbad der Gefühle ausgesetzt: Hoffnung, Angst, Ungewissheit, Freiheit und Freude prägen meine Emotionen. In der Arktis reduziert sich mein Leben auf das Elementare. Hier relativieren sich viele Dinge, werden unbedeutend. Andere, im Alltagsleben banale Dinge erhalten eine neue Größe. Und die aktive Fortbewegung schärft dabei meine Sinne und intensiviert meine Wahrnehmung. Ich nehme jedes kleinste Geräusch, jeden Duft bewusst auf: Das Knacken eines Eisberges, wenn sich die Spannung seines Eises ändert; das Knarzen des Packeises, wenn sich das Meer bewegt; der Schrei einer entfernten Möwe; oder das leise Säuseln des Windes. Und der Duft einer geräucherten Gamswurst weckt im Eis wahre Festtagsgefühle.

Während Payer auf abwechslungsarmen Etappen eine »Langweile, die von einem Zugthierleben dieser Art unzertrennlich ist«, empfand, macht es mir die Monotonie des Gehens in dieser reizarmen Eiswelt leicht, meinen Gedanken freien Lauf zu lassen. Kaum etwas in der Eiswüste des Austria-Sunds lenkt ab. Die gleichförmige Bewegung verleiht dem Eisgehen einen besinnlichen, ja geradezu meditativen Charakter. Der Geist wird leer, klar und bereit für Neues. Ohne mich aber nun noch weiter auf das dünne Eis der Abenteuerphilosophie begeben zu wollen oder gar in eine Selbsterfahrungselegie zu verfallen, nur so viel: Es scheint mir, als ob sich auf einer polaren Skiexpedition mein Blick einfach leichter auch nach innen richtet und ich

Vorherige Seite:
Die Eiswelt fasziniert im Großen wie im Kleinen, Kap Frankfurt.

Kap Tegetthoff verschwindet am Horizont. Die gleichförmige Bewegung verleiht dem Eisgehen einen fast meditativen Charakter.

Mit Pelz, Gesichtsmaske und Skibrille gegen Kälte und Wind

meine eigene Welt aus einem neuen Blickwinkel betrachten kann. Ich kann hier fantasieren und träumen, an die Lieben daheim oder – endlich einmal – einfach an gar nichts denken. Nicht so Robert. Er erlebt es ganz anders: Ihn hindert das Zerren und Stoßen des Pulkas daran, dieses sorgfältig zusammengeträumte Ziel zu erreichen. Schmerzhaft wird er immer an der Schwelle zum Tagtraum in die knallharte Realität zurückgerissen. Wie mich schmerzen auch ihn die Schultern und die Hüften vom Ziehen der Last. Tapfer kämpft er stundenlang am Limit und kommt nicht ins Träumen und Sinnieren. Fast mehr noch als der Pulka handicapt ihn jedoch seine melancholisch-schwermütige Musik- und Textauswahl, die sich als wenig schrittfördernd erweist.

Doch schon werde auch ich wieder aus meinen Gedanken gerissen. Die Temperaturen sind deutlich unter –20 °C gefallen und wieder spüre ich meine Fingerspitzen nicht mehr. Ich muss stehen bleiben und die Arme schnell kreisen. Zu allem Übel kommt nun auch Gegenwind auf, der mir ins Gesicht beißt. Auf Nase und Wangen, den am meisten gefährdeten Körperstellen, sind jetzt durch den Windchill-Effekt an die –40 °C zu spüren. Das bedeutet akute Erfrierungsgefahr für freiliegende Haut!

Julius Payers Worte aber machen Mut: »Überhaupt gibt es auf arktischen Reisen keine härtere Probe der Standhaftigkeit, als die, ein solches Schneetreiben zu überwinden und den Marsch fortzusetzen bei gleichzeitig tiefer Temperatur. Die Gefahr des Erfrierens erheischt unausgesetzte Gegenwehr.« Ich setze meine Sturmbrille mit dem selbst angenähten Schutz für Nase und Gesicht auf. Die Konstruktion funktioniert perfekt. Ich kann frei atmen, und auch wenn ich unter ihr ins Schwitzen komme, beschlägt die Brille praktisch nicht. Nikita, der der Maske eher skeptisch gegenübersteht und sie nicht verwendet, zieht sich eine oberflächliche Erfrierung seiner Wangen zu. Weniger gefährlich, dafür aber umso unbequemer sind die alltäglichen »Geschäfte«, die in einem Eissturm richtige Überwindung fordern. Im Schlafsack liegend lernt dann selbst der spartanischste Skeptiker schnell die Vorzüge einer Pinkelflasche schätzen. Und mit etwas Gelenkigkeit und einem Plastiksackerl gelingt in einem heftigen Schneesturm sogar in der kleinen Apsis des Zeltes nach einem energiereichen Essen das, was unaufschiebbar ist.

Das Armkreisen hat gewirkt. Die Finger sind aufgetaut. Mit vermummten Gesichtern, die Pelzkapuzen tief über die Stirn gezogen, ziehen wir Kilometer für Kilometer weiter. Der Wind bläst sein monotones Lied und weht dabei die Schneekristalle knapp über die Eisflächen dahin. »Schneedrift« nennen Meteorologen dieses Phänomen, das für mich die ganze Härte, aber auch die endlose Weite der Arktis symbolisiert. Ich liebe diese bizarre Welt. Treffender könnte das Musikstück nicht sein, das mich auf den letzten Minuten bis zum nächsten Lagerplatz begleitet: »Another day in paradise«, singt mir Phil Collins aus der Seele.

Die tägliche Lagerarbeit ist am siebten Tag der Reise längst zur Routine geworden. Jeder Handgriff sitzt, und bereits nach einer halben Stunde ist unser Quartier aufgebaut. Nach einem ganzen Tag auf den Beinen verkriechen wir uns gerne in die Expeditionszelte. Zuerst ist es extrem ungemütlich, denn wenn man in den Schlafsack schlüpft, heißt es die Zähne zusammenbeißen. Es fühlt sich nämlich an, als ob man einen Eiswürfel anzieht. Der dicke Polarschlafsack, der den ganzen Tag in den Schlitten gepackt war, muss erst durch die eigene Körperwärme aufgewärmt werden, um seine Wirkung voll zu entfalten. Schon nach ein paar Minuten fühle ich mich dann aber wie in einem kuscheligen Himmelbett. Jedes Ausrüstungsteil bekommt seinen eigenen Platz, an dem es auch im engen Gewühl zu finden ist – meistens zumindest. Ganz unten am Zeltboden, wo die Temperatur immer unter dem Gefrierpunkt bleibt, liegen die Teile, die wir am besten gefroren lassen, wie die Pelze unserer Sturmjacken. Was gefroren ist, ist zwar kalt, aber trocken. Gefriergetrocknet.

In den an den Zeltwänden seitlich angenähten Taschen liegen griffbereit wichtige Utensilien wie Klopapier, Messer oder Tagebuch. Über uns, sozusagen im Dachboden, haben wir ein Netz und Spannleinen aufgehängt, an denen wir feuchte Kleidungsstücke, Socken und Innenschuhe zum Trocknen aufhängen, und Dinge wie Schreckschusspistole, Signalpfeife, Pfefferspray, Uhr und Elektronikgeräte griffbereit verstauen. Es ist eng, ein geordnetes Chaos. Das Herzstück unserer Polarbehausung ist natürlich der Benzinkocher, den wir auf ein Spezialgestell montiert in das Zelt mitnehmen, um jeden Abend drei, vier Stunden lang zu kochen und das Zelt immer wieder ordentlich aufzuheizen. Das widerspricht eigentlich den Bedienungsanleitungen der Zelt- und Kocherhersteller. Paradoxerweise ist gerade auf Polarexpeditionen die Feuergefahr eine der größten Gefahren, denn überall im Zelt liegen entflammbare Materialien, und Löschwasser ist nicht vorhanden. Mit einem abgefackelten Zelt hätten wir ein ernstes Problem. Wir dürfen auch den Sauerstoffverbrauch und die Kohlenmonoxidbildung durch einen Benzinbrenner im Zelt nicht übersehen. Doch mit der entsprechenden Vorsicht lassen sich all diese Risiken in Grenzen halten.

Eine sichtbare Gletscherspalte ist meist weniger gefährlich als die mit Triebschnee zugewehten Abgründe.

Wie hart hatten es dagegen die Erstdurchquerer! Zu siebt drängten sie sich in ein enges Zelt aus schwerem Leinen, durch dessen Nähte der Wind pfiff und Schnee hereinwehte. Auf engstem Raum wurden gefrorene Schuhe aufgetaut, feuchte Kleider getrocknet, Pfeife geraucht, wunde oder erfrorene Glieder versorgt, Schnee geschmolzen und gekocht. Zu Payers Zeiten bestand der Proviant aus *boiled beef*, Eisbärfleisch und Fleischextrakt, Hartbrot, Grütze, Zucker, Reis, Kondensmilch, Kaffee und täglich einer kleinen Ration Rum, die »bei sehr tiefen Temperaturen fast unerlässlich« war. Statt Vitamintabletten gab es Limonensaft. Unsere Mahlzeiten hingegen dienen nicht nur zur Deckung des Kalorienbedarfes, sondern sollen auch dem Gaumen eine Freude bereiten. Am Abend essen wir bereits während des Kochens ein paar Handvoll gesalzene Erdnüsse, Tiroler Speck, Trockenbrot und Hartkäse. Danach gibt es eine Tasse heiße Instantsuppe und als Hauptgericht Kartoffelpüree oder Nudeln mit Pinienkernen, Olivenöl und Gamswürste. Dehydrierte Expeditionsspezialnahrung kann ich schon nach wenigen Mahlzeiten im wahrsten Sinne des Wortes nicht mehr riechen. Daher verlasse ich mich auf vertraute Nahrungsmittel. Der Körper braucht ja nicht nur für die tägliche Arbeit, sondern schon allein zum Warmhalten viel Energie. Robert konnte es sich im normalen Leben nicht vorstellen, dass selbst sein athletischer Körper in der Kälte geradezu mit Heißhunger nach Fett und Butter giert. Da ich erfahrungsgemäß auch Tee nach wenigen Tagen nicht mehr mag, haben wir Saftpulver in verschiedenen Geschmacksrichtungen mitgebracht. Als Nachtisch essen wir Schokolade und trinken Mineralgetränke und vor dem Einschlafen im Schlafsack einen wärmenden Schluck Schnaps aus dem Expeditionsflachmann. Am Morgen bürsten wir die Reif- und Eiskristalle von der Innenwand des Zeltes, wärmen die gefrorenen Innenschuhe über dem Benzinkocher und bereiten dann eine Schale Kakaomüsli zum Frühstück.

Die Körperhygiene ist natürlich auf ein Mindestmaß reduziert. Täglich trockene Füße und Socken zu haben, um Erfrierungen vorzubeugen, ist aber weniger eine Frage des Komforts als vielmehr der Sicherheit. Eine Polarexpedition ist auch eine Entdeckungsreise in die Welt physiologischer Extreme. Während ich auf eine wenig heroische, aber umso wirkungsvollere Trockendusche der schwitzenden Körperregionen mit duftendem Babypuder schwöre, gönnt sich Viktor täglich auch bei tiefsten Temperaturen eine martialische Schneedusche. Jeden Morgen läuft er nackt und mit einem russischen Choral auf den Lippen wie auf heißen Kohlen ums Zelt, um die übermäßige, im Schlafsack angesammelte Hitze aus den Gliedern zu schütteln und sich dann mit Schnee »einzuseifen«. Zugegeben, so viel Vitalität wirkt in einer Gegend, in der Julius Payers Männer gegen Tod und Kälte anliefen, fast obszön. Wie relativ ist doch das menschliche Temperaturempfinden! Während wir drei Normaltemperierte uns zwiebelschalenmäßig einhüllen, geht Viktor bei seiner optimalen Betriebsaußentemperatur von −25 °C nur in Unterkleidung! Und erst wenn der Eiswind bissig wird, schließt er den Anorak – ein Stück weit. Daunenkleidung empfindet er als völlig unpassend. Kopfschüttelnd ließ er die zur Verfügung gestellte Jacke auf der Nagurskoe-Station zurück.

Zeltleben am Fuße des Kap Tirol. Wir haben es vergleichsweise bequem (vgl. S. 34).

Wenn Nanuk das Eis zu dünn wird, fährt er lieber Schlitten.

Nach einem
Schneesturm

Viktors tägliche
Schneedusche

Viktor macht die
Kälte nichts aus.

Robert beim
Aufteilen des Essens

Lagebesprechung
im Zelt

Funny Hour

Eine Polarexpedition braucht eine perfekte Planung und Systematik. Aber noch viel mehr Flexibilität und Kreativität. Um dennoch eine gewisse Regelmäßigkeit zu leben, stehen wir um sieben Uhr auf, frühstücken, packen unsere Sachen, bauen das Lager ab, verstauen alles in den Pulkas und brechen gegen zehn Uhr auf. Die Zeit erhält in der Arktis eine neue Dimension, eine neue Qualität. Ich erlebe hautnah, wie relativ das Phänomen »Zeit« ist. Mein gewohnter Maßstab, der für Mitteleuropa in Stunden und Minuten geeicht ist, weicht in der Arktis einem Gefühl der Zeitlosigkeit. Oder zumindest einem Zeitsystem, dessen kleinste Einheit sich vielleicht in Tagen misst. Ich erfahre in der Arktis, dass Zeit nicht etwas Absolutes, sondern etwas sehr Relatives ist. Und kann gar nicht anders, als unsere zivilisierte Welt diesbezüglich infrage zu stellen. Gehen wir richtig mit Zeit um? Ist das Immer-mehr-immer-schneller unserer zivilisierten Welt nicht ein Irrweg? Je hastiger, desto oberflächlicher leben wir doch. Die Arktis ist ein guter Lehrmeister für Geduld und einen wohltuenden Lebensrhythmus, bei dem Langsamkeit das bestimmende Maß ist. Sie ermöglicht mir Intensität und schenkt mir Zeit zum Atmen. Franz Josef Land lässt mich einen Hauch von Ewigkeit spüren.

Wir haben uns auf eine Taktik geeinigt, die es jedem erlaubt, seinen eigenen Rhythmus zu gehen, und dennoch eine gute Teamleistung ermöglicht. Täglich gehen wir in der Regel sechs Etappen zu je einer Stunde. Dabei wechseln wir uns bei der Führungsarbeit ab. Der jeweils Erste ist für die Spurwahl und das Tempo verantwortlich. Nach je einer Stunde legen wir eine Rast von ein paar Minuten ein, bei der wir kleine Adjustierungen vornehmen oder uns stärken. Nach drei Stunden gibt es eine längere Mittagspause, ein Stück Brot, Nüsse, Trockenfrüchte, Schokolade und heißen Tee aus der Thermosflasche. Da wir zum Gehen selbst bei großer Kälte meist nicht mehr als die dünne Polypropylenwäsche und die winddichte Sturmkleidung tragen, müssen wir, sobald wir stehen bleiben, sofort die Daunenkleidung überziehen – Viktor ausgenommen. Die trockene polare Kälte ist an sich relativ gut auszuhalten. Julius Payer relativierte das gewohnte Kältegefühl sehr treffend: »Es ist nicht mit jenem identisch, welches arktische Fußreisende selbst im strengsten Frühjahrsfroste empfinden, weil die Kleidung ihre Widerstandsfähigkeit erhöht, Windstille und Bewegung die tiefsten Temperaturen leicht erträglich machen und das subjektive Wärmegefühl sich mit den Zonen ändert, in denen wir leben.« Die stärkste Kraft gegen die Kälte wohnt also – wie so oft auf Expeditionen – im Kopf.

Meistens dauert es in den Pausen nur kurze Zeit, bis der Letzte aufschließt. Einmal jedoch kommt es ganz anders, wie es Robert noch lebhaft in Erinnerung ist: »Christoph übernimmt die Führung, ich trotte hinterher. Die ersten paar Gehminuten unterscheiden sich vom Tempo her nicht von den bisherigen Etappen des heutigen Tages. Meinen wund gelaufenen Fersen geht es wieder besser. Plötzlich dreht sich Christoph um und blickt mich mit Lausbubenaugen an. Da ich ihn gut zu kennen glaube, hätte ich an seinem breiten Grinsen und dem im Takt wippenden Kopf eigentlich seine Gedanken sofort durchschauen müssen: Funny Hour war angesagt! Christoph – mit einem aufputschenden Sound in den Ohren – steigert augenblicklich das Tempo. Natürlich kann ich bei diesem Spiel für etwas größere Buben nicht zurückstecken. Der Fehdehandschuh ist aufgenommen. Mein größter Gegner heißt aber nicht Christoph, sondern Rainer Maria Rilke. Wieder einmal habe ich mit der falschen Auswahl der Hörtitel mehr zu kämpfen als mit der körperlichen Anstrengung. Rilke-Texte und Stepptanz auf Sastrugis passen ebenso wenig zusammen wie Mozarts Requiem und Headbanging.

Die Sastrugis werden im Taumel der Geschwindigkeit richtiggehend gefressen. Kein Hindernis versperrt den Weg, nichts verlangsamt das Tempo. Immer wieder der Blick auf die Uhr. Noch maximal eine halbe Stunde Vollgas, dann gibt es die nächste Pause. Beide Lungenflügel rasseln unter der Belastung, die Thermounterwäsche klebt von Schweiß durchtränkt am Körper. Zwei Verrückte, die mit ihren 90-Kilogramm-Pulkas bei Puls 180 geradezu über die schneebedeckte Landschaft zu fliegen scheinen, würden in diesem Augenblick wohl den apathischsten Eisbären neugierig aufblicken lassen. Schnell ein Blick zurück: Auch auf unsere Freunde muss die Situation eigenartig wirken: Hat möglicherweise da der Ungeist des sibirischen Schamanen Rasputin mit bewusstseinsstörenden Mittelchen seine Hände im Spiel? Man weiß es nicht genau. Die beiden Russen sind inzwischen zu unscheinbaren Pünktchen in der Landschaft geworden. Zum ersten Mal stellt sich das schlechte Gewissen ein. Nikita verflucht uns in diesem Moment sicher ordentlich. Er muss für diese Strecke ja die doppelte Zeit einrechnen. Nach exakt 55 Minuten ist die Hetzjagd zu Ende und wir liegen erschöpft auf unseren Pulkas. Wie dem Schwachsinn verfallen kichern wir vor uns hin, um im nächsten Moment wieder nach Luft zu ringen. Ein Hoch der Narretei!«

20 Minuten später kommt Viktor, der unseren Fitnesstest ebenfalls nicht ausließ, eiligen Schrittes an. Mit einer süffisant-ironischen Anspielung auf den ja schließlich bestehenden Altersunterschied lässt auch er sich schnaufend auf seinem Schlitten nieder. Viktor hatte auch gegen das körperliche Heißlaufen zu kämpfen. Es war ihm mit −16 °C viel zu warm. Während der langen Pause, in der wir auf Nikita warten, kriecht uns Kälte in die nassen Kleider. Nikita tut das einzig Richtige: Er ließ uns Narren dahinrennen und macht nach einer Stunde Gehzeit wie gewohnt seine wohlverdiente Pause. Nikita ist nie in Gefahr. Das Eis ist dick und solide, und Nanuk ist bei ihm. Nach einer weiteren halben Stunde schließt er zu uns auf und tippt mit dem Zeigefinger – nicht ganz zu Unrecht – auf seine Stirn.

Auch in der Arktis muss man zum Glück nicht immer alles so hundertprozentig ernst nehmen. Aber im Unterschied zu einer mehrwöchigen Achttausenderexpedition, bei der man sich ruhig einmal im Team trennen und auf die Hochlager verteilen kann, können wir im Eis der Arktis nur gemeinsam vorwärtskommen. So bleibt dann Robert auch einmal aufmunternd bei Nikita zurück, als dieser einen müden Tag erwischt. Kleine Hilfen geben große Motivation. Der Teamgeist stimmt!

Während wir rasten, fliegen Alke wie an einer Schnur gezogen über uns hinweg nach Norden. Sie flattern wohl zu der riesigen eisfreien Stelle mitten im Austria-Sund, die wir bei der Anreise mit dem Hubschrauber überflogen haben. Diese Polynja kann nun nicht mehr weit sein. Nur ein paar Kilometer weiter auf unserem Weg steigt vor uns eine dunkle Nebelwand auf. Hinter ihr verbirgt sich der See mit über zehn Kilometern Durchmesser. Das −2 °C kalte Wasser ist noch immer deutlich wärmer als die Luft und dampft weithin sichtbar. Wir halten einen Sicherheitsabstand von mehreren Hundert Metern, um bloß nicht in gefährlich dünnes Eis oder gar in schneeverwehtes Meerwasser zu laufen. Da im Osten die mächtige Eismauer des Wilczek-Landes den Weg versperrt, umgehen wir die Polynja im Westen. Nun wird auch die Kälte sehr unangenehm, die Luftfeuchtigkeit steigt auf hundert Prozent. Sie dringt durch Mark und Bein und gefriert sofort an unseren Bärten, Pelzen und Anoraks. Payer spricht genau in dieser Gegend ebenfalls von »schneebedeckten Kleidern« und »Eisrinden im Gesicht«. An Augen haftendes Eis musste entfernt werden, wobei die Augenbrauen einfach mit ausgerissen wurden. Im Nebel bilden sich auch an unseren Wimpern kleine Eiskügelchen, die wir mit den Fingern auftauen und abwischen.

Fand ein Schlupfloch im zugefrorenen Austria-Sund: ein Walrossbulle.

Die Beinahekatastrophe

Die Wasserstraßen zwischen den einzelnen Inseln frieren während der Wintermonate zu. Aber selbst im härtesten Winter können an bestimmten Orten Wasserstellen offen bleiben. Polynjas bilden sich durch ablandigen Wind, Leeseiteneffekte oder Meeresströmungen in Flachwasserbereichen und Engstellen. Trotz gewisser regelmäßiger Erscheinungsmuster ist nicht vorhersehbar, wann und wo genau sich eine Polynja wirklich ausbildet. Umso interessanter ist es, dass sich die Polynja, die bereits den Pionieren auf ihrem Rückmarsch zur *Tegetthoff* den Weg nach Süden versperrte, auch uns in den Weg gestellt hat.

Wir ziehen weiter und müssen eine Zone dünnen Jungeises queren, das Viktor zuvor mit einem Eisstichel geprüft hat. Es ist besonders schön anzusehen, denn bei den tiefen Temperaturen wachsen auf der Eisschicht zarte Frostblumen – wenige Zentimeter hohe, blütenartige Eiskristalle. Wir folgen dem Austria-Sund weiter nach Norden und erreichen die Insel Komsomolsk. Diese Insel ist nicht in Payers Karte von 1876 eingezeichnet, obwohl er zweimal an ihr vorbeigezogen ist. Wahrscheinlich hat Payer sie bei schlechter Sicht einfach übersehen, da sie recht klein und sehr flach ist und sich kaum über das Meereis erhebt. Erst 1932 wurde sie von sowjetischen Wissenschaftlern entdeckt und nach dem Komsomol, der Jugendorganisation der KPdSU, benannt. Es war der erste sowjetische Name auf Franz Josef Land! Die Reste eines Feldlagers einer hydrografisch-geologischen Expedition aus dem Jahre 1956 ragen aus dem Schnee. Gleich in der Nähe werden auch wir die Nacht verbringen. Das Wetter ist perfekt! Der Höhepunkt des Tages ist ein altes, dickes Walross, das sich im Schutz eines Eisberges sonnt. Mit circa drei Meter Länge und einem Gewicht von mehreren Hundert Kilogramm liegt es gelassen vor uns und lässt uns sorglos bis auf wenige Meter an sich heran.

Weit im Norden erspähen wir ein imposantes Felsmassiv. Es ragt höher auf als alles, was wir bisher gesehen haben: Kap Tirol. Wir hoffen es in zwei Tagesreisen erreichen zu können, wenn Wetter und Eis mitspielen. Und Ersteres spielt am nächsten Tag mit: strahlender Sonnenschein, Windstille und angenehme −14 °C. Doch das Eis bringt uns in größte Gefahr. Nur schwer lassen sich die Pulkas durch die »Sumpflandschaft«

Unter Schnee verstecktes dünnes Eis ist unberechenbar.

Eiszapfen sind erste Zeichen des nahenden Frühlings.

aus Eis, Schnee und Wasser ziehen. Plötzlich liegt da vor uns wie eine Fata Morgana ein glänzender Schein offenen Wassers. Eine Polynja versperrt uns erneut den direkten Weg zum Kap. Wir müssen einen größeren Umweg in Kauf nehmen und über oft nur wenige Zentimeter dünnes Jungeis marschieren. Im Gegensatz zum spröden, glasartigen Eis zugefrorener Süßwasserseen ist das maritime Polareis in gewissem Maße elastisch. Es wird beim Begehen richtiggehend in Schwingung versetzt. Aus kleinen Spalten und Löchern gluckst und sprudelt dann das Wasser im Rhythmus unserer Schritte herauf. Kein sehr beruhigendes Gefühl. Gleichschritt und Gruppenversammlungen sind auf dünnem Eis absolut tabu. Nanuk spürt instinktiv die Gefährdung und springt auf Viktors Pulka, um sich ziehen zu lassen. Der Hund läuft nämlich Gefahr, trotz seines viel geringeren Gewichts mit seinen Pfoten das Eis zu durchstoßen. Pulkas und Skier hingegen verteilen das Gewicht so gut, dass wir nicht einbrechen und selbst über dünnes Eis dahingleiten können.

Durch die Meeresbewegung aufgetürmtes Presseis. Auf dem dünnen Jungeis wachsen bei klirrender Kälte »Frostblumen«.

Nächste Seite:
In seichten Küstengewässern auf Grund gelaufener Tafeleisberg vor der Insel Hall

Aber in Sicherheit wiegen können wir uns nicht. An manchen Stellen ist das Eis bereits bedrohlich dünn. Und das Gefährliche am Festeis Franz Josef Lands ist, dass es – anders als das polare Packeis – oft nicht zerbricht, sondern stellenweise durch Meeresströmungen von unten her lautlos und unberechenbar schmilzt.

Wir genießen den Anblick der Polynja mit ihren atemberaubenden Lichtstimmungen, hohen Eisbergen und kreischenden Seevögeln. Um ein Überblicksbild zu schießen, schnallt Robert seine Skier ab und besteigt einen gefrorenen Eisrücken. Die vor ihm liegende Eisfläche ist ebenmäßig weiß, ohne verräterische dunkle Flecken. Vorsichtig tastet er sich vorwärts, immer darauf gefasst, beim leisesten Anzeichen von Gefahr diese Zone schnell wieder verlassen zu können. Nicht weit entfernt zeigt sich ein schwarzes Loch, das mit einer durchsichtigen Eishaut überzogen ist. In respektabler Entfernung schießt er einige Bilder, um sich dann auf den Rückweg zu machen. Dazu wählt er eine kleine Abkürzung, als plötzlich einige Risse wie Blitze durch das Eis zischen. Ohne ersichtliche Vorzeichen zerbricht die dünne Platte Eis unter ihm. Mit einem Gefühl wie im Fahrstuhl taucht Robert zuerst langsam in die polaren Fluten. Reflexartig wirft er noch die Kamera weit in den Schnee hinaus. Dann geht alles sehr schnell. Schuhe und Kleidung saugen sich mit dem kalten Nass voll. Mit jener Gedankenschnelle, die einem Menschen in Extremsituationen zur Verfügung steht, wird Robert klar, dass er vermutlich nicht lange genug lebend im Eiswasser ausharren kann, bis sein Zurückbleiben bemerkt würde. Er versinkt bis zur Brust im −2 °C kalten Meerwasser. Schon drückt das eiskalte Wasser seinen Brustkorb zusammen. Instinktiv stemmt er beide Hände auf den Eisrand. Doch der Versuch, sich durch einen kräftigen Beinschlag weit genug auf die dünne Eiskante zu schnellen, scheitert. Der Eisrand bricht und zersplittert auch beim zweiten Versuch in kleine Stücke. Keiner von uns bemerkt den Vorfall. Wir alle sind bereits weitergezogen – Robert beteuerte ja, gleich zu folgen – und sind ausgerechnet in diesem prekären Moment außer Rufweite. Mit Athletik und großem Glück gelingt es Robert schließlich, sich auf das Eis zu retten. Klatschnass kämpft er sich durch flotten Skilanglauf bei glücklicherweise nur etwas unter –10 °C Lufttemperatur und Windstille tapfer bis zu uns. Was, wenn er nur wenige Minuten länger gebraucht hätte? Was, wenn der Schollenrand beim Ausstieg immer weiter gebrochen wäre? Was, wenn ein eisiger Nordwind aufgezogen wäre? Niemand will die Gedanken wirklich weiterspinnen, aber jeder denkt so wie ich, dass Robert nur um Haaresbreite an diesem sonnigen Tag seinem eisigen Grab entkommen ist. Wortlos schauen wir einander an. Jeder ist sich dessen bewusst, wie viel Glück Robert in seinem Unglück letztlich hatte.

Am Kap Tirol

Am 9. Mai, genau am zehnten Tag unserer Reise und am »Tag des Sieges«, an dem Russland und die Welt 60 Jahre Kriegsende feiern, erreichen wir das Kap Tirol. Vom Kap Frankfurt aus brauchen wir dazu – wie Julius Payer – vier Tage. Payer war schlau: Bei Rückenwind pflanzte er die Zeltplane als Segel auf, um den Schlitten durch Windkraft anzutreiben. Wir gehen, ohne moderne Kitesegel zu verwenden, da die sich auf dem aufgeworfenen Meereis und bei dem unbeständigen Wind mit Skiern kaum einsetzen lassen. Außerdem ist es unser erklärtes Ziel, den Archipel aus eigener Kraft zu durchqueren.

Via Satellit erhalten wir eine Grußbotschaft vom Treffen Wladimir Putins und Artur Chilingarovs mit Bundespräsident Heinz Fischer in Moskau. 2 800 Kilometer nördlich vom Roten Platz auf dem Weg über das schrundige Eis des Austria-Sunds fühlen wir vier Europäer uns beflügelt von der Vorstellung, Vorreiter einer neuen Friedensidee zu sein. Und wir wünschten, das Russland der Gegenwart könnte das rein rhetorische Völkerfreundschafts-Pathos der Sowjetunion durch eine neue Offenheit ersetzen und Franz Josef Land der internationalen Wissenschaft zugänglich machen: ein Diadem aus Eisperlen für die Welt.

Am verschneiten Strand in einer kleinen Bucht der Insel Wiener Neustadt unterhalb des mächtigen Kap Tirol schlagen wir unser zehntes Nachtlager auf. Mit dem Benzinkocher heizen wir das Zelt ordentlich auf und trocknen Roberts feuchte Kleider. Das Salz des Meerwassers kristallisiert aus. »Auch Dr. Kepes geschah ein solches Missgeschick, als er bis zur Brust ins Wasser einbrach«, fällt mir im Zelt plötzlich eine unglückliche Parallele zur historischen Expedition ein. Der Expeditionsarzt konnte damals von Payer herausgezogen werden und kam – ebenso wie Robert – glimpflich und mit dem Schrecken davon.

Vorherige Seite:
Durch Winderosion und Sonneneinstrahlung geformter Eisberg

Pik Parnass (614 m, rechts der Bildmitte) auf der Insel Wiener Neustadt, die höchste Erhebung Franz Josef Lands

Die grandiose Hochgebirgswelt des Kap Tirol

Am Abend steige ich von unserem Lagerplatz noch die Seitenmoräne des Forbes-Gletschers hinauf. Ich habe mich so lange auf das Kap Tirol gefreut und wollte nun, da ich endlich hier an seinem Fuße bin, nicht nur im Zelt sitzen. Ich wollte allein sein, hatte das Bedürfnis nach Stille. Im Schein der Mitternachtssonne erreiche ich die Gedenktafel, die wir in Erinnerung an die beiden Tiroler Bergsteiger Johann Haller und Alexander Klotz am Fuße des Kap Tirol angebracht haben. Ich setze mich neben die Tafel in den Schnee und erinnere mich an Herta Haller, die Enkelin Johann Hallers. Ich denke an meinen Besuch in Obsteig, einem kleinen Bergdorf in Tirol, wo Frau Haller mir die Briefe Julius Payers zu lesen gegeben hat. Julius Payer hatte großes Vertrauen in ihren Großvater, denn der Bergsteiger aus dem Passeiertal bewährte sich bereits bei den gemeinsamen Vermessungsarbeiten in der Ortlergruppe und im Adamello-Massiv. Payer wollte seinen Gefährten daher auch für die Nordpolarexpedition gewinnen und schrieb ihm 1872 nicht weniger als acht Briefe.

Lieber Haller!

Es freut mich, dass ich Dich endlich entdeckt habe, und daß Du mir so rasch antwortetest. Ich beabsichtige eine Reise von 2½ jähriger Dauer nach sehr kalten Gegenden, in welchen es keine Menschen, dafür aber Eisbären gibt, und wo die Sonne mehrere Monate unausgesetzt scheint und dann wieder mehrere Monate gar nicht. Ich mache nämlich eine Nordpolexpedition.

1. Ich zahle Dir ohne irgend einen Abzug die Reise von St. Leonhard weg bis Bremerhaven, wo wir das Schiff betreten.
2. Ende Mai würde Dein Dienst beginnen. Du müßtest um diese Zeit in Wien eintreffen.
3. 2½ Jahre müßtest Du bei mir bleiben.
4. Du wirst ganz von mir bekleidet, bewaffnet und verköstigt, und erhältst außer besonderen Prämien für besondere Leistungen mindestens 1000 Gulden, davon Du einen Theil schon beim Weggehen ausgezahlt erhalten kannst.

Ich bitte Dich Haller, sieh Dich noch nach einem 2. Bergsteiger um, – es soll ein anständiger Mensch sein, verträglich, arbeitsam, er darf nie die Lust und Ausdauer verlieren, selbst wenn die Entbehrungen noch so groß sind, er soll ein guter Jäger sein und würde dasselbe wie Du bekommen. Bei der Rückkunft würdest Du auch noch ein feines Lefaucher-Gewehr (Hinterlader, Büchsflinte) zum Geschenk erhalten. Also schreibe gleich und suche jedenfalls noch einen 2. Mann für den Du garantieren kannst daß er taugt.

Wir werden Kälte wie Gefahren haben, – scheut Dich das? Ich habe bereits 2 solche Reisen glücklich durchgemacht und was ich thue, das thust Du auch.

Dein Freund Payer

Ihr Großvater sei »verlässlich, aber zurückhaltend und wortkarg« gewesen. Entsprechend kurz und bündig gehalten sind dann auch seine beiden Tagebücher, die Hallers stolze Enkelin ebenso noch besitzt wie den Reisepass, eine Meerschaumpfeife und die acht persönlichen Briefe von Julius Payer. Nur das Lefaucheuxgewehr, das der Tiroler Jäger auf der Expedition verwendete, wurde nach dem Zweiten Weltkrieg von amerikanischen Soldaten zerstört.

Als zweiten Bergsteiger schlug Johann Haller den ebenfalls aus dem Passeiertal stammenden Alexander Klotz vor. Karl Weyprecht charakterisiert seinen Schlafnachbarn während der Rückreise als »ehrlichen Naturmenschen, der mir aus einer röchelnden Pfeife unaufhörlich unter die Nase dampft und nachts fürchterlich in die Ohren schnarcht. Er unterhält mich mit seinen naturwüchsigen Erzählungen aus Tyrol. Er ist nichts als ein etwas besserer Taglöhner, bald Führer, bald Wilderer, bald Erzsucher, bald Holzschläger; auch fungiert er im Passeyrer als Doktor, Haarschneider etc. Was aus seinem Munde kommt, das ist bis auf den letzten Buchstaben wahr. Er hat viel natürlichen Verstand, der aber von Hochgebirgsvorurteilen zersetzt ist. Im Passeyrer muss er eine geachtete Persönlichkeit sein.«

Beim ersten Anblick von Kap Tirol, das von Julius Payer so benannt wurde, weil die schroffen Felswände und malerischen Höhenzüge ihn sehr an die Tiroler Hochgebirgswelt erinnerten, griff die Künstlernatur tief bewegt in die Wortschatzkiste: »Wenige Meilen vor uns erhoben sich, von zerrissenen Gletschern umflossen, die ungeheuren Felsenkegel der Insel Wiener Neustadt. Der Sonne warmer Glanz lag darauf; dieser Anblick schien den Alpen anzugehören, nicht dem einundachtzigsten Breitengrade. Umso greller war der Gegensatz, als die wallenden Dünste, sich völlig öffnend, die eiserfüllten Sunde und Eisberge entschleierten. Es war nicht zu bezweifeln, daß die Ersteigung eines dieser Berge die wichtigsten Aufschlüsse für die Aufnahme gewähren mußte. Ich entschied mich daher für das imposante Kap Tyrol.«

Auf der Moräne neben unserer Gedenktafel sitzend, erlebe ich das Kap Tirol ähnlich sonnenüberflutet: Schneekristalle funkeln über einer Traumkulisse, einer Überblendung aus arktischer Fjordlandschaft, alpinen Basaltwänden und einem Fluidum, das es nur in den hohen Breiten gibt, wenn die tief stehende Sonne die eismarmorierten Felsen brennen lässt. Über den Klippen gaukeln Dreizehenmöwen und Alke. Nach einiger Zeit kehre ich zu den anderen ins Lager zurück und feiere mit ihnen.

Die Besteigung des Kaps

Der nächste Tag ist ein Traumtag für uns Bergsteiger. Es ist absolut wolkenlos und windstill bei etwa −15 °C. Ideale Verhältnisse für eine ausgedehnte Bergtour, die zu einer der schönsten meines Lebens werden sollte. Um halb zehn verlassen Robert und ich das Zeltlager, das von Viktor, Nikita und Nanuk vor Eisbären bewacht wird. »Christophio, when will you come back?«, fragt mich Viktor angesichts der Gletscherspalten und Steileisflanken etwas besorgt. »Sicher vor dem Dunkelwerden!«, gebe ich ironisch zur Antwort. Das ist ja das Herrliche an den Polargebieten: Wenn Wetter und die eigene Verfassung stimmen, kann man hier praktisch ohne Angst, von der Dunkelheit »überrascht« zu werden, gehen und bergsteigen.

Durch die Winterstürme gebildete Schneewechten am Kap Tirol

Abstieg durch eine steile, verschneite Eisrinne

Nächste Seite:
Nach dem Aufstieg genießen wir die Aussicht nach Norden in den Collinson-Fjord und zur Insel Greely.

Über Moränenrücken und steile Schneefelder steigen wir die Ostflanke des Kap-Tirol-Massivs hinauf. Der eiskalte, griffige Schnee knirscht unter dem Druck unserer Polarbergschuhe und gibt uns besten Halt, sodass wir vorerst auf Steigeisen verzichten können. Mit den grobstolligen Schuhsohlen sägen wir bei jedem Schritt einen guten Tritt in den Schnee. Auch Julius Payer und Johann Haller hatten bei ihrer Besteigung oder besser gesagt Überquerung des Kap Tirol keine Steigeisen. Ob Payer hier Bergschuhe oder wieder Segeltuchstiefel verwendete? Johann Haller hatte jedenfalls in Tirol »Schuhnägel für die Bergschuhe« besorgt, da Payer diese »in Wien nicht bekommen« konnte. Die beiden begannen ihren Aufstieg über einen anderen Weg als wir, denn sie waren ja bereits auf dem Rückweg aus dem Norden des Archipels.

Das Kap Tirol ist nicht einfach nur ein ins Meer ragender Felssporn. Es ist ein imposantes Gebirgsmassiv, dessen Flanken nach oben hin immer steiler werden und in senkrechten Basaltwänden enden. Von Weitem sieht die Felsbastion aus wie eine nicht einzunehmende mittelalterliche Festung. Verständlich, dass die beiden Alpinisten Payer und Haller von diesem Berg magisch angezogen wurden und ihn sicher nicht nur bestiegen, um die Eisverhältnisse für die Schlittenroute auszuspähen.

Auf einem schneefreien Hang finden wir Fragmente versteinerten Holzes, deren Faserstruktur und Wachstumsringe noch gut erkennbar sind. Die Funde lassen auf wärmere Klimabedingungen in der Vergangenheit schließen. Vor 125 000 Jahren lagen die Temperaturen der Arktis um 3 bis 5 °C höher als heute. Und während des Karbon haben sich auch auf Franz Josef Land aus Sumpfwäldern Kohlelagerstätten gebildet. Es gibt sogar eine Insel namens »Kohlemine«, aber – im Gegensatz zum benachbarten Spitzbergen – keinen Kohlenbergbau. Die unvergletscherten Bereiche Franz Josef Lands sind fast das ganze Jahr über gefroren. Wenn aber im kurzen Polarsommer nach der Schneeschmelze der Erdboden zum Vorschein kommt, taut der Permafrostboden oberflächlich wenige Dezimeter tief auf. Die arktische Natur schmückt sich dann mit regelmäßigen Strukturen, Mustern und Formen unterschiedlich großer Steinchen, die wie von Menschenhand geschaffen scheinen, den sogenannten Frostmusterböden.

Der überwältigende Anblick der in der Polarsonne dunkelrot vor uns aufleuchtenden Felswände und glänzenden Eisflanken lassen mein Herz höherschlagen. Noch ahnt es niemand von uns, aber der Gipfeltag am Kap Tirol sollte das schönste Wetter der ganzen Expedition bringen. Vom Plateau des Kap Tirol bieten sich Ausblicke auf den scheinbar endlosen Austria-Sund im Osten und die fantastische Welt aus Gletschern, Bergen und Kaps im Westen von Franz Josef Land. Auch Julius Payer war berührt: »Der leuchtende Baldachin des Himmels war über uns, unterhalb ein Nebelmeer, worin Orel unsichtbar der Küste entlang nach Süden zog. Schmerzlich bedauerten wir, dass die Dringlichkeit unserer Rückkehr zum Schiffe ein Eindringen in dieses Labyrinth von Bergen verhinderte.« Die Naturbegeisterung des von der Pracht der Hohen Tauern, des Ortlers und der Dolomiten eigentlich verwöhnten Payer kannte keine Grenzen. Johann Haller hingegen notierte zum selben Anlass nur nüchtern: »Mit dem Herrn Oberleutnant auf einen hohen Berg gegangen. Mittags zum Zelt zurückgekehrt und geschlafen bis zum Abend.« Die Schönheit der Wildnis Franz Josef Lands und insbesondere des Kap-Tirol-Massivs sind wirklich einzigartig.

Auch mein Blick streift begeistert über die endlosen Inselplateaus, über die von ihnen wie zähflüssige Honigmelasse ins Meer hinabfließenden Gletscher und über geheimnisvolle Bergzüge bis hin zur höchsten Erhebung Franz Josef Lands auf der Insel Wiener Neustadt: Der Pik Parnass, einer der drei zentralen, aus der Eiskappe der Insel Wiener Neustadt ragenden Tafelberge, der sogenannten »Nunataks der Alpinisten«, ist 614 Meter hoch. Der Berg ist nach dem Parnassos in Griechenland benannt, jenem mythologischen Berg bei Delphi, der bei den alten Griechen als Sitz des Apollo und der neun Musen galt. Eine denkwürdige Bezeichnung für das Dach Franz Josef Lands, finde ich. Auf der neuen Generalstabskarte von Franz Josef Land im Maßstab 1 : 200 000 ist der frühere Wert von 620 auf 614 Meter korrigiert, was entweder auf eine genauere Vermessung oder auch auf einen tatsächlichen Rückgang der Eisoberfläche um sechs Meter zurückzuführen sein könnte.

Aus Payers Bericht weiß ich, dass er und Haller den flachen Gletscher, der nördlich des Kap Tirol herabzieht, als logische Aufstiegsroute wählten. In Gedanken zeichne ich die Route und die Situation der beiden Alpinisten nach, die sich immer weiter emporarbeiteten, während Hunderte Meter unter ihnen die Schlittenmannschaft durch den breiten Austria-Sund weiter nach Süden zog. Zuerst erscheint es mir unmöglich, dass die beiden tatsächlich bis auf das Hochplateau des Kaps gelangt sind. Zu abweisend, zu steil und zu schwierig sind seine nördlichen Abbrüche. Robert und ich tasten uns vorsichtig ganz an den Rand des Massivs heran, an dem die Felswände senkrecht abfallen. »Achtung!«, rufe ich Robert zu, »geh nicht zu nahe an die Schneewechten heran.« Unweigerlich denke ich an den berühmten Tiroler Bergsteiger Hermann Buhl, der 1957 beim Bruch einer solchen unberechenbaren Schneewechte im Karakorum tödlich abgestürzt ist.

Unzählige Polarvögel kreischen in den Klippen unter uns, und immer wieder schweben ein paar Neugierige von einem sanften Aufwind getragen bis zu uns herauf. Dann entdecke ich eine Schneerampe, die die beiden mutigen Abenteurer mit ihrer Ausrüstung und dem Schlagen von Stufen mittels Eispickel beim Zustieg am nördlichen Eckpfeiler des Massivs benutzt haben dürften. Ob sie – schon einmal auf dem Plateau wie wir jetzt auch – dann den einfachen, aber langen Weg bis auf den höchsten Punkt des Kap Tirol, eine 557 Meter hohe, flache Schneekuppe, gegangen sind? Julius Payer schreibt wörtlich: »Am 18. April (−23,5 °R. [entspricht −29,4 °C, Anm.]) standen Haller und ich nach einem beschwerlichen Gletschermarsche [...] auf seiner schwarzen, wetterzerklüfteten Höhe. Selbst auf dem Gipfel gewahrten wir noch Spuren und Excremente von Füchsen.«

Wir umrunden das ganze Kap Tirol entlang der Felskante des Hochplateaus und allen Eckpfeilern und besteigen auch die zentrale Schneekuppe, von der es tatsächlich in alle Richtungen nur nach unten geht und wir einen weiten Ausblick genießen. Das winterliche Franz Josef Land strahlt eine besondere Reinheit aus: seine makellos weißen Schneeflächen, das kristallblaue Eis, die glasklare Luft, diese alles umfassende Stille und keine Kondensstreifen über uns, die die himmlische Ruhe stören. Einen markanten und vom Austria-Sund weithin sichtbaren Vorgipfel, den wir besteigen, nennen wir für uns »Peak of Silent Solitude«, einen anderen insgeheim nach Roberts acht Monate alter Tochter »Pico-Lina« und eine bizarre Felsformation nach meinem eineinhalbjährigen Sohn »Timo-Tower«.

Die Sonne steht schon tief im Norden. Ein eiskalter Nordwind vertreibt uns vom Gipfelplateau. Mit Steigeisen und Pickel steigen wir vom Kap Tirol eine schneebedeckte, steile Eisrinne ab. Bei einsetzender Kälte setzen wir unsere Frontalzacken konzentriert Schritt für Schritt in das harte Eis nach unten. Da jeder von uns nur einen Steileispickel mitgenommen hat, dient die zweite Hand lediglich zur Balance am Eis. Normalerweise hat man zum Steileisklettern zwei solcher Eisgeräte mit. Wenn eines losbricht, hält noch das andere. Doch auch das ist hier keine Garantie, denn wenn sich in dem spröden Eis eine ganze Eisplatte löst, geht es über 200 Meter in die Tiefe – bei einer Beschleunigung wie im freien Fall. Wir müssen also teuflisch aufpassen, keine Eisplatten loszubrechen und mit ihnen die im obersten Teil bis zu 60 Grad steile Rinne hinabzustürzen. Die saugende Tiefe unter uns wirkt fast hypnotisierend. Volle Konzentration ist gefragt, Hilfe wäre nicht zu erwarten. Doch für mich ist dieses Ausgesetztsein dank meiner bisherigen Polarerfahrung kein beklemmendes, sondern vielmehr ein stärkendes Gefühl – bilde ich mir zumindest ein. Und das gibt Selbstvertrauen und befreit. Auch Robert folgt mir mit ruhigen und sicheren Tritten.

Immer wieder wirbelt der am Plateau auffrischende Wind Schneefahnen zu uns herunter, sodass ich meine Pelzkapuze über den Kopf ziehe. Die feinen Haare fangen die Windstöße ab. Ich spüre auf der Haut nur mehr ein leichtes Säuseln und nur mehr ab und zu eine Brise stechender Eiskristalle. Dann ist es, als ob mir jemand eine Handvoll Stecknadeln ins Gesicht wirft. Der Schnee ist so trocken wie Sand und kriecht in alle offenen Ritzen der Kleidung.

Nach dem Nervenkitzel des Abstieges erreichen wir schon bald wieder den Fuß des Gebirgsstocks. Entlang seiner südlichen Bergflanken und der Randmoräne des Forbes-Gletschers gehen wir so rasch wie möglich in Richtung unseres Lagerplatzes, wo Viktor und Nikita sicher schon nervös auf uns warten. Payer und Haller konnten ohne Steigeisen die Steilrinne nicht abgestiegen sein, sondern gingen, wie es auch auf einer der historischen Karten zu sehen ist, einen weiten Umweg um den Südwestsporn des Kap Tirol und folgten erst dann wie wir dem Rand des Forbes-Gletschers zurück in den Austria-Sund. Eine nur wenige Stunden alte, tiefe Eisbärenfährte im Schnee mahnt uns zur Vorsicht. Immer wieder brechen auch wir tief in den windgepressten Schnee ein und hinterlassen eine verlockende Spur. Mühsam wie zwei Käfer, die über einen verschneiten Fußballplatz krabbeln, kommen wir voran. Wir fühlen uns in dieser Landschaft ebenso unbedeutend und klein.

Nach elf Stunden, zwei Energieriegeln und einem Liter Tee kommen wir wieder zu unserem Lagerplatz am Strand zurück, wo Viktor und Nikita froh sind, dass wir eintreffen. Wir sind müde und überglücklich. Der Tag am Kap Tirol ist ohne Frage der Höhepunkt der Expedition. Während wir unsere Zelte bei herrlichem Sonnenschein erreichen, tauchten Payer und Haller nahe dem Austria-Sund wieder in den Bodennebel ein und hatten – wieder einmal – die notwendige Portion Glück der Tüchtigen, wie Payer ahnen lässt: »Geraume Zeit suchten wir unsere Gefährten vergeblich; einiges Schneetreiben hätte hingereicht, uns für immer von ihnen zu trennen. Wir fanden sie jedoch im Zelte wieder.« Sie lagerten in der Nähe jener Strandterrasse, die wir 131 Jahre später als Lagerplatz ausgewählt haben.

Die Mitternachtssonne dient als »Kompass« in einer außerirdisch anmutenden Welt.

Ein aufkommender Schneesturm mahnt zur Eile.

Nächste Seite:
Die Arktis: Heimat der Kälte und des Windes

Wasserhimmel und Polynjas

Nach der Rückkehr ins Lager legen wir einen halben Rasttag ein und brechen bereits um 21.00 Uhr wieder Richtung Norden auf. Wir wechseln den Marsch- und Ruherhythmus und machen wie Julius Payer die Nacht zum Tag. Ab nun wollen wir, wie bereits früher geplant, in der Nacht gehen und untertags lagern, da zu den »Nacht«-Stunden der Schnee in der Regel etwas härter ist und wir schneller voranzukommen hoffen. »Nacht« ist im polaren Vorfrühling ohnehin ein austauschbarer, relativer Begriff. Die Eisoberfläche ist nachts weniger aufgeweicht und tragfähiger. Tagsüber wiederum sind die Temperaturen im Zelt höher. Wir haben uns bald daran gewöhnt, in den Abendstunden aus den Schlafsäcken zu kriechen. Das hat nämlich noch einen weiteren großen Vorteil. Zur Geisterstunde weist uns die Mitternachtssonne bei klarem Himmel den Weg durch die »ungeheuere Schneewüste«, wie Julius Payer den Austria-Sund charakterisierte. Um null Uhr steht sie tief am Horizont direkt über dem Nordpol, also vor uns. Wärmend blinzelt sie uns dann beim Gehen ins Gesicht. Die Sonne ist in der Arktis zu jeder Tages- und Nachtzeit ein perfekter Kompass. Ich muss nur wissen, welche Ortszeit es ist, und kompensieren, dass der Fixstern unseres Sonnensystems jede Stunde genau um 15 Grad am Horizont »weiterwandert«. Und nicht zuletzt taucht das herrliche Licht zur Zeit des tiefsten Sonnenstandes die Eiswelt stundenlang in wunderschöne, zarte Farbtöne.

Leider scheint für uns aber nicht immer die Sonne. Bisher haben uns Wetter- und Eisverhältnisse verwöhnt, das sollte sich aber sehr schnell ändern. Binnen weniger

Stunden verschlechtert sich das Wetter. Beim Aufbruch vom Kap Tirol ist der Himmel bereits bedeckt. Ein strenger Wind kommt auf und weht uns den Schnee ins Gesicht. Vom Kap Tirol, das sich an diesem Tag als dunkel umwölkte Trutzburg präsentiert, wehen eisige Schneefahnen herunter. Um Mitternacht zückt Robert bei einer Gehpause den Schnaps, um auf meinen Geburtstag anzustoßen, und spielt mir als Partygag »Wann wird es wieder richtig Sommer?« auf dem MP3-Player vor. Auf der folgenden Etappe sinniere ich vor mich hin. Warum zählen und feiern wir bloß die Jahre des Lebens und nicht die Augenblicke, die am Ende eigentlich Bestand haben? Ich bin so in Gedanken versunken, dass ich gar nicht wahrnehme, wie die Zeit vergeht. Nach 18,5 Kilometern erreichen wir den 81. nördlichen Breitengrad und errichten dort unser Lager.

Wütendes Gebell reißt mich aus dem Schlaf. Robert schnappt sich die Signalpistole, ich greife den in die Apsis ragenden Kolben des Gewehres und reiße den Reißverschluss des Zeltes auf. Draußen hat Nanuk bereits in sicherem Abstand vor einem mächtigen Eisbären seine Verteidigungsstellung bezogen. Wir haben Vertrauen in unseren Beschützer und beobachten, was passiert, sind jedoch bereit, im Ernstfall sofort zu reagieren. Der Bär zeigt uns als Drohgebärde seine volle Breitseite. Zur Warnung drückt er mit wippendem Kopf mehrmals seine großen Vorderpranken fest in den Schnee, so als wolle er dessen Tragfähigkeit prüfen. Als er sein Maul aufreißt, um uns seine Zähne zu zeigen, läuft mir ein Schauer über den Rücken. Tapfer und laut bellend wirft sich Nanuk dem Riesen entgegen, um sein Rudel, also uns, zu verteidigen, bis der Bär resigniert und davontrottet. Den Bärenalarm können wir aber an diesem Tag noch lange nicht abblasen. Denn im Laufe des Vormittags tauchen noch

Vorherige Seite:
Eisregenbogen als Teil einer Nebensonne in einem Eiskristallnebel

Polynjas wie hier im Booth-Kanal müssen wir weiträumig umgehen, da unsere Pulkas nicht schwimmfähig sind.

weitere vier Eisbären auf: ein alter Bär und auch eine Bärin mit ihren beiden tollpatschigen Jungen, die uns zwar zuerst erstaunt beäugen, dann aber gelassen ihres Weges weiterziehen. Wir gehen zwischen Osterkap und Kap Hellwald im Westen und der Insel La Ronciere im Osten weiter. Das Wetter verschlechtert sich zusehends. »Schlecht« kann in der Arktis auch warm heißen. Die Temperaturen steigen auf geradezu erschreckend schwüle 3 °C! Wir schlafen bei offenen Zelten auf den dicken und jetzt viel zu warmen Polarschlafsäcken, da die Sonne zusätzlich heizt. Der Schnee weicht auf. »Keine Gattung von Schnee setzt dem Schlittenziehen solche Hindernisse entgegen als jener, der sich dem Gefrierpunkt nähert und ballt«, wusste bereits Julius Payer leidvoll zu berichten: »Solcher Schnee hemmte auch jetzt unser Vordringen, obgleich wir uns bis aufs äußerste anstrengten.« Unglaublich, wie ähnlich unsere Eindrücke doch immer wieder sind.

Im Norden des vereisten Austria-Sunds hat sich eine tief liegende, helle Wolkenbank aufgebaut. Ihre Unterseite ist in unregelmäßigen Abständen dunkelgrau gescheckt: Der sogenannte »Wasserhimmel« ist ein ernstes Warnzeichen, da er offene Wasserstellen vor uns buchstäblich widerspiegelt. Diese Beobachtungen und die hohen Temperaturen sind nicht gerade beruhigend. »Glaubst du wirklich, dass wir die Insel Rudolf überhaupt noch trockenen Fußes erreichen können?«, fragt mich Robert. Ich teile seine Bedenken, doch bin ich mir sicher: Wir werden uns vorsichtig von Insel zu Insel weiter vortasten und einfach versuchen, so weit wie möglich nach Norden zu gelangen, aber kein allzu großes Risiko eingehen. Robert gibt sich nachdenklich: »Na ja, einfach ist daran aber gar nichts.«

Wir ziehen weiter. Die Temperaturen fallen zum Glück wieder und das Stimmungsbarometer steigt. Auch unsere Aufmerksamkeit muss wachsen, denn je näher wir der Insel Becker kommen, desto häufiger werden die Zonen dünnen Eises. Verräterisch dunkle Flecken in der Eisdecke mahnen uns zu höchster Vorsicht. Wie auf rohen Eiern schleichen wir in großen Abständen zueinander um diese Stellen. Nanuk sitzt längst wieder auf Viktors Pulka, da er spürt, wie das dünne Eis unter seinen Pfoten vibriert. Jetzt kommt noch Wind auf und zu allem Übel fällt Nebel ein. Bei solch miserablen Sichtverhältnissen in unbekanntes Eisterrain weiterzugehen wäre viel zu riskant. Ich entscheide daher bereits nach nur wenigen Kilometern, auf der anvisierten Ostspitze der Insel Becker vorzeitig ein Lager einzurichten. Alle sind wir erleichtert,

Stürme modellieren das Eis. Es entstehen harte Schneewehen, die Sastrugis.

Diese Polynja mitten im Austria-Sund hatten wir schon zuvor auf dem Satellitenbild (vgl. vor S. 1) entdeckt.

uns für heute zumindest hierher gerettet und wieder festen Boden unter den Füßen zu haben. Sobald die flatternden Zelte aufgebaut und abgespannt sind, bricht ein Schneesturm los, und wir sind froh, uns verkriechen zu können. Einer meiner Grundsätze auf Expeditionen hat sich bewahrheitet: Ich brauche nicht immer die richtige, sollte aber nie die falsche Entscheidung treffen. Und es ist angesichts des heulenden Schneesturmes definitiv nicht die falsche Entscheidung, heute hier zu lagern.

Nach ein paar Stunden lässt der Sturm nach. Viktor und Nikita unternehmen einen Erkundungsgang auf eine Anhöhe der Insel Becker. Nanuk zögert zuerst noch eine Weile, fasst dann doch den Entschluss, den beiden zu folgen. Robert und ich bleiben alleine im Lager zurück. »Robert, erinnerst du dich, wie uns Nikita gewarnt hat?« »Logisch«, macht Robert unmissverständlich klar, »ohne Hund müssen wir im Lager besonders aufpassen. Ein hungriger Eisbär könnte es in Sekunden zerstören.« Ich will mir das gar nicht ausmalen und lausche im Zelt liegend dem großen Arktisatem draußen. Es weht und pfeift. Faucht es auch? Machen die Eisbären auch heute keine Pause? Wie sensibel das Gehör und kreativ die Fantasie für die verschiedenen

Grummelgeräusche doch werden können. Da fahre ich erschrocken hoch: »Hast du das Knurren gehört?«, frage ich Robert. »Ja sicher! Das war doch mein Magen«, meint er und kann sich dann das Lachen nicht mehr verkneifen.

Die Wetterdienststelle Innsbruck sendet uns via Satellit einen Wetterbericht und das Institut für Umweltphysik der Universität Bremen einen aktuellen Eislagebericht. Ein Tiefdrucksystem in der Barentssee schaufelt feuchtwarme Luft aus dem Nordatlantik bis in die höchste Arktis. Na also, da hätten wir den Bösewicht, der für Nebel und Schichtbewölkung sorgt, und auch das Eis in Bewegung bringt. Nach diesen neuesten Informationen und Viktors und Nikitas nicht sehr ermutigendem Blick vom Gipfel der Insel Becker sind bereits große Teile des Eises im Norden Franz Josef Lands aufgebrochen. Auf der Anhöhe der Insel Becker erlebte Payer Ähnliches und konnte »nicht daran zweifeln, daß nahe im Norden von uns sich offenes Wasser befinden müsse; denn auf keine andere Weise ließen sich dessen Zeichen in den letzten Tagen deuten: die große Feuchtigkeit und hohe Temperatur der Luft, die dunkle Farbe des nördlichen Himmels und die häufigen Züge von Alken, Tauchern und Teisten«.

Unsere Sorgen und Bedenken angesichts der Eisverhältnisse nehmen zu. Deshalb halten wir im Zelt eine Krisensitzung ab. Welchen Weg sollen wir zwischen den Inseln und den vermeintlich bereits offenen Wasserstellen einschlagen? Über den Ruslan-Sund müssten wir noch halbwegs sicher zur Insel Rainer kommen. Von dort könnte es möglich sein, noch von Insel zu Insel »weiterzuhüpfen«. Oder sollten wir die vor uns liegenden Inselchen in weitem Bogen nach Osten umgehen? Keiner von uns kann abschätzen, wie die Flachwasserbereiche zwischen den Inseln und Landkrümeln zu begehen sind. Selbst unsere Meereisexperten Viktor und Nikita haben dazu völlig gegensätzliche Meinungen. Viktor vermutet, dass sich dort solides Küstenfesteis gebildet und verkeilt haben könnte. Nach Nikitas Theorie werden wir hingegen an den seichten Stellen durch die Düseneffekte der Meeresströmungen dünnes Eis oder sogar Polynjas antreffen. Es bleibt uns gar nichts anderes übrig: Wir müssen uns einfach überraschen lassen und stellen wieder einmal fest, dass beste Vorbereitungen, modernste Fernerkundungsinformationen und Eiserfahrung nicht ausreichen. Man benötigt in der Arktis auch Glück. Jeden Augenblick kann ein Labyrinth von Wasserspalten alle Pläne und uns selbst im eiskalten Wasser versinken lassen. Es bleibt spannend, welche Dramaturgie und welche Reiseroute sich die Natur wohl für uns ausgedacht hat. Bisher hatten wir das Glück auf unserer Seite und »eine gute Nase«, wie Viktor optimistisch meint. Nikita hingegen brummt etwas pessimistisch und äußert seine Besorgnis über die immer schlechter und gefährlicher werdenden Eisbedingungen.

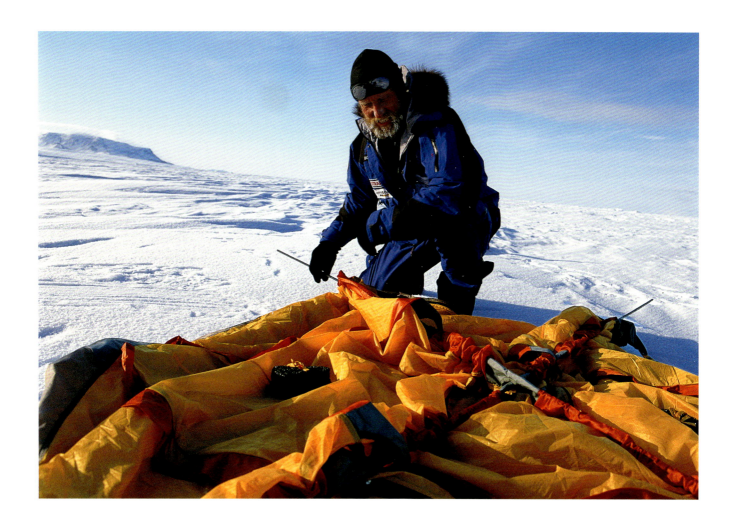

Nanuk ist müde von der Eisbärwache.

Der tägliche Lagerauf- und -abbau ist Routinearbeit.

Nächste Seite:
Die Sonne steht im Mai noch tief über dem Horizont und zaubert magisches Licht und lange Schatten.

Die Meereisbildung und -verteilung in der Arktis folgt einem jährlichen Zyklus. Üblicherweise beginnt das offene Meer um und in Franz Josef Land gegen Ende September mit den sinkenden Temperaturen allmählich zu gefrieren. Nur bei ganz ruhiger See bildet sich eine dünne, glasartige Eishaut. In der Regel entsteht aber zuerst aus kleinsten Eisnadeln und -kristallen ein dickflüssiger, weißgrauer Eisschlamm, der allmählich zu einer Eisdecke zusammenfriert. Bricht dieses Eis durch Wind und Wellen wieder auf und stoßen die Fragmente aneinander, so entsteht das charakteristische »Pfannkucheneis«. Diese mehrere Dezimeter großen, tellerartigen Gebilde frieren dann langsam zusammen und bilden eine wenige Zentimeter dicke Eisschicht, die durch Anfrieren von Eis weiter wächst. So bildet sich zwischen den Inseln Franz Josef Lands im Laufe des Winters eine solide und ortsfeste Eisdecke. Dieses sogenannte »Festeis« erreicht eine Mächtigkeit von ein bis eineinhalb Metern. Da es sich jedoch anders als das nordpolare Packeis horizontal kaum bewegt, bleiben Schwächezonen im Festeis bestehen. Deshalb ist das auf den ersten Blick verlockend ruhige Eis in den Sunden auch so heimtückisch für uns als Skiläufer.

Gespannt verfolgten wir in den Monaten vor der Expedition anhand von Satellitenbildern des Instituts für Umweltphysik der Universität Bremen die Meereisentwicklung in der Arktis. Besonderes Augenmerk legten wir natürlich auf Franz Josef Land: Im September 2004 noch gänzlich eisfrei, waren die Inseln im Dezember zu unserer Freude unter einem dicken Eispanzer erstarrt, die Sunde durch Festeis zugefroren. Je nach Wind und Meeresströmung rissen nur an der nördlichen und südlichen Peripherie immer wieder große Polynjas zwischen Franz Josef Land und dem hin und her schwappenden Packeis auf.

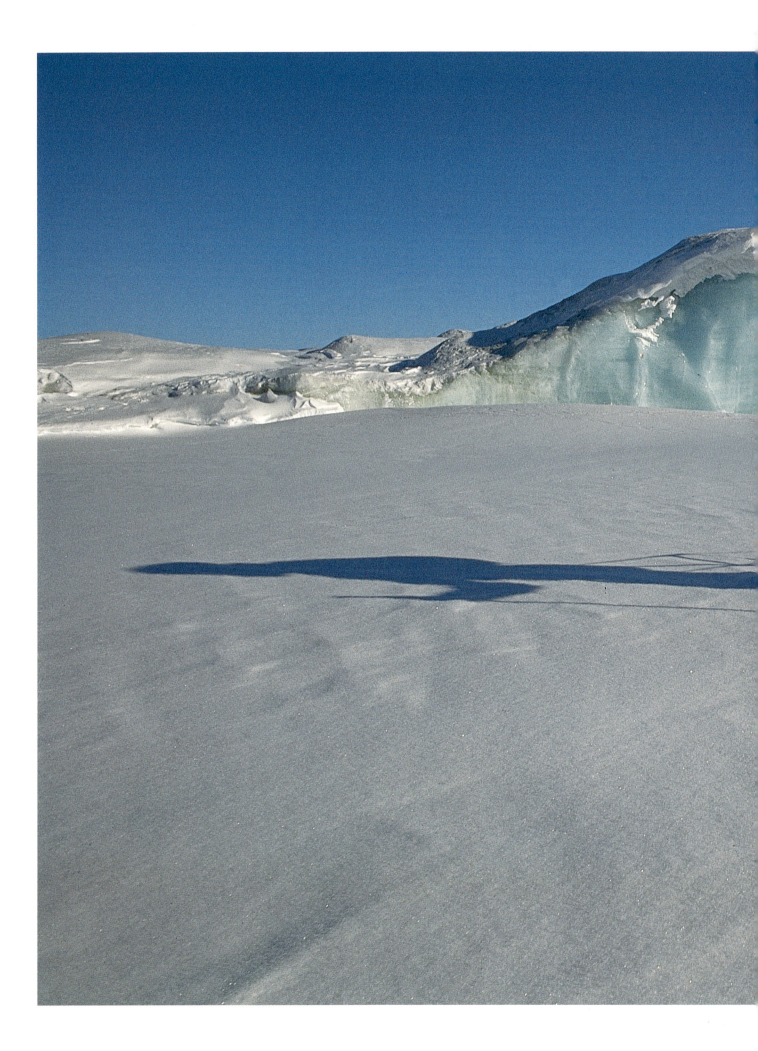

Anwandeln an der Insel Rainer

Am folgenden Tag, wir sind nun sechzehn Tage auf Skiern unterwegs, starten wir wieder bei gutem Wetter auf das Meereis hinaus. Von der Insel Becker ändern wir den Kurs und ziehen nun gegen Nordwesten, um eine große Polynja vor der Westspitze der Insel Hoffmann in sicherer Entfernung zu umgehen. Vor uns liegt die vollkommen weiße Insel Rainer, die von einer ganz ebenmäßig geformten, flachen Eiskuppel bedeckt ist. Dieser »Vostok-Eisdom« erhebt sich in einem flachen, konvexen Bogen über den Horizont. Noch ist die Insel aber fast zwanzig Kilometer weit entfernt. Es hat zwar zum Glück auf unter −10 °C abgekühlt. Aber durch den Warmlufteinbruch der letzten Tage hat sich die Eisdecke stark verändert. Immer wieder brechen wir durch die eiskalte Pulverschneeschicht in salzigen Schneematsch ein. Und die malerischen hohen Federwolken sind auch keine ermutigenden Wetterboten. Bis zum Ende des Marschtages haben wir dennoch den Ruslan-Sund überquert, um in der Nähe der Insel Rainer unser 14. Lager aufzuschlagen.

Der Zelt- und Lageraufbau geht jetzt rasch, jeder Handgriff sitzt. Robert und ich sind eingespielt. Nur eine halbe Stunde benötigen wir: Zeltstangen einschieben und aufklappen, Spannleinen fixieren, Sturmlappen sichern, Schnee zum Kochen holen und eine Vertiefung im Eingangsbereich ausstechen, Isolationsmatten, Kochgeschirr, Schlaf-, Essens- und Kleidersäcke ins Zelt räumen, Pulka mit dem Gewehr griffbereit richten und Warnzaun aufstellen. Die Arktis verlangt, Dinge effizient nacheinander und nicht in Hektik gleichzeitig zu erledigen. Eine polare Skiexpedition schärft das

Bewusstsein, wie fatal Hudlerei ist und wie wichtig Kleinigkeiten sind. Robert zaubert heute ein tolles Menü aus Pasta, angebratener Gamswurst und Pinienkernen. Normalerweise essen wir in den zwei Zelten getrennt. Doch heute laden wir unsere russischen Freunde zum Abendessen ein. Es macht Spaß, mit ihnen gemeinsam zu essen und durch Franz Josef Land zu reisen. Sie haben viel Erfahrung, sind humorvoll und haben sichtlich Freude an der Expedition. Auch sind sie vom Stil unserer Expedition sehr angetan. Aus einer kurzen Diskussion auf Russisch hören wir jedoch ein paarmal die Worte »Kommando« und »Christoph« heraus. Viktor erzählt mir später, dass es ihnen gefällt, dass schwierige Entscheidungen im Team besprochen und erörtert werden, auch wenn die definitive Entscheidung dann letztlich von mir als Expeditionsleiter quasi als Primus inter Pares aus der Mitte des Teams getroffen werden muss. Unter erfahrenen Expeditionsmitgliedern hat sich diese transparente – bisweilen sogar demokratische – Entscheidungsfindung, gepaart mit einer eindeutigen Führungsstruktur, sehr bewährt. Mit einem so motivierten Team ist heute wohl nichts unmöglich. Bis ans Ende der Welt könnten wir gehen!

Wie schnell sich die Wetterverhältnisse und Sichtbedingungen in der Arktis ändern können, wird uns auch am nächsten Morgen wieder einmal eindrucksvoll vor Augen geführt. Vorgestern noch ein Schneesturm, gestern klare Sicht und heute sind wir – wie von den Zirruswolken angedroht – mit einem anderen, gefährlichen Wetterphänomen konfrontiert: Wir stecken in einem Whiteout. Die diffuse Reflexion des Sonnenlichts raubt völlig die Orientierung und den Gleichgewichtssinn. Ohne Horizont verschwimmen Boden und Himmel in milchigem Weiß. Es gibt keine Schatten, und alle Konturen der Schneeoberfläche lösen sich auf. Paradoxerweise muss die Sicht an sich nicht schlecht sein. So sieht der Führende den Tross hinter sich selbst in einer Entfernung von Hunderten Metern ganz klar. Nur vorne tappt man beinahe blind dahin, da man keinen Bezugspunkt vor sich mehr sieht. Es ist, als ob man sich in eine Wattekugel hineinbewege.

Schon während meiner Skireisen zum Nordpol und quer durch Grönland hat sich die Navigation mit GPS-Gerät und Kugelkompass, den ich auf dem Zuggeschirr montiert vor dem Bauch trage, bestens bewährt. Punktgenau lässt sich damit ein angepeiltes Ziel erreichen, vorausgesetzt, man macht keinen Rechenfehler. Man darf so nahe am Nordpol die enorm starke Abweichung der Magnetnadel nicht außer Acht lassen. Vergesslichkeit hatte auch für die Entdecker schwerwiegende Folgen. Wer nämlich vergaß, seine Uhr aufzuziehen, konnte ohne genaue Zeit seinen Längengrad und damit seine Position nicht bestimmen, wie es Fridtjof Nansen auf seinem Weg nach Franz Josef Land 1895 passierte.

Reizvolle Reizarmut und vielfältige Monotonie der Eiswüste

Mittagsrast beim Kap Frankfurt (vgl. S. 28)

Nach jeweils einer Stunde Marschzeit gibt es eine kurze Teepause.

Was mir im Nebel immer wieder Schauer über den Rücken laufen lässt und mich zu einem Rundblick nach hinten veranlasst, ist die Angst, dass uns ein Bär ungesehen nachschleicht, was Julius Payer auch tatsächlich passierte. Was, wenn unser Nanuk einen Bären im Nebel erst in sehr geringer Entfernung wittert? Auf einmal fängt Nanuk tatsächlich zu kläffen an, was er sonst nie tut, und läuft entzückt voraus. Was hat er bloß? Bei einem Bären bellt er irgendwie anders. Wir schauen uns fragend an und können es uns nicht erklären. Plötzlich zeichnet sich vor uns im Nebel schemenhaft eine weiß-bläuliche Struktur ab. Es ist die riesige Eisfront der Insel Rainer. Nanuk bellt vergnügt die hohe Eismauer an und spielt mit seinem eigenen Echo. Wir atmen auf und können uns nun für mehrere Stunden an der Eiswand entlangtasten, also im wahrsten Sinne des Wortes »anwandeln«, wie Bergführer in den Alpen diese Orientierungsmethode nennen.

Bei der vorgelagerten Insel Ivanov stoßen wir auf eine kleine Vogelkolonie, in der sich Hunderte Tiere laut kreischend um die begehrten Brutplätze in der Felswand drängen. Nikita entdeckt sogar die Fährte eines Polarfuchses. »Die kleinen Räuber halten sich gerne in der Nähe großer Vogelkolonien auf, wo sie die Nester von Krabbentauchern plündern«, weiß unser Zoologe zu berichten. Das Gekreische, Gezwitscher und Geschnatter der Vögel begleitet uns noch ein ganzes Stück weit und liegt uns noch in den Ohren, als wir unser Lager in einer wunderschönen, geschützten Bucht mit massivem Buchteis nahe dem Kap Beurmann aufschlagen. Es wird ein ruhiger »Tag« zum Schlafen, bevor es in der kommenden »Nacht« wieder von der Insel Rainer auf das labile Eis des offenen Meeres hinausgeht.

Der heimtückische Sund

Wir müssen den Scott-Keltie-Sund zur Insel Karl-Alexander-Land überwinden. Die Meerenge schaut aber nicht sehr einladend aus. Graue Flecken im Schnee verheißen nichts Gutes. Wie dünn mag das Eis dort sein? Viktor und ich gehen ohne Pulkas in die Meeresstraße voraus, um das verdächtige Eis zu prüfen. Aber auch nach einer knappen Stunde Gehzeit ist das Eis immer noch kritisch und nicht wirklich vertrauenerweckend. Teilweise sinken wir trotz unserer Skier durch die kalte Pulverschneeschicht bis zu den Knöcheln in den aufgetauten Schneeschlamm darunter ein. Wir stehen ungefähr in der Mitte des Sunds. Viktor, der zu den erfahrensten Polarläufern der Welt zählt, will hier aufhören und die Expedition beenden. Das Eis erscheint ihm zu unsicher. Julius Payer bereiteten ähnliche Verhältnisse ähnliche Sorgen: »Wasser erfüllte die tieferen Schneelagen, drang in die Stiefel ein, und weil diese Erscheinung in Anbetracht der tiefen Temperatur nicht durch das Schmelzen des Schnees erklärt werden konnte, so thaten wir jeden Schritt mit mißtrauischem Zögern, in beständiger Furcht vor unsichtbaren Abgründen. Daß uns unsichtbare Spalten umringten und das Wasser unter dem Schnee nichts anderes war, als das empordringende Meerwasser, daran wollten wir nicht eher glauben, bis uns das plötzliche Versinken der Vorangehenden keinen Zweifel mehr darüber ließ.«

»Nein, nein und noch mal nein! Hier darf unsere Expedition nicht enden. Noch gebe ich mich nicht geschlagen. Noch lange nicht!«, sage ich zu mir selbst. Ich bin von einer noch tiefer liegenden, tragenden Eisschicht überzeugt und grabe mit dem Eispickel ein Loch in den Pulverschnee und die darunterliegende Schneematschschicht. 20 Zentimeter tiefer stoße ich tatsächlich auf solides Meereis. Von seiner Tragfähigkeit überzeugt, ramme ich dann den Pickel mit aller Kraft in das Eis und springe als

Weithin sichtbares Warnzeichen: Das −2 °C »warme« Meerwasser einer nahen Polynja dampft und bildet einen dunklen Nebel.

Draufgabe sogar mit den Skiern auf das Eis, um Viktor zu überzeugen, dass es noch weitergeht. Meine Demonstration wirkt. Viktor bleibt nicht mehr bei seinem dogmatischen »Njet!«. Aber ganz überzeugt ist er noch immer nicht. Daher mache ich einen Vorschlag: »Lass uns noch einen Kilometer weitergehen und dann noch einmal testen. Wenn es dann immer noch kritisch ist, dann drehen wir um.« Wir haben Glück. Nur wenige Hundert Meter weiter stoßen wir auf zwei oder drei Jahre altes, solides und trockenes Küstenfesteis der Insel Karl-Alexander-Land. Und dann drehen wir um, aber nur kurz, um Robert, Nikita, Nanuk und unsere Expeditionspulkas von der Insel Rainer nachzuholen. Der Matsch im Scott-Keltie-Sund bremst und saugt die Skier und Pulkas zwar fest, aber das Eis hält und die Überquerung gelingt. Wir atmen auf. Gewonnen ist aber noch gar nichts. Wie weit wir noch gehen können, ist ungewiss: Rund um uns lauern immer mehr Stellen dünnen Eises oder offenen Wassers. Je weiter wir nach Norden kommen, desto wilder werden die Wasserhimmel, jene untrüglichen Zeichen, dass der alljährliche Zerfall des Festeises von Franz Josef Land bereits früh begonnen hat. Auch der immer häufiger einfallende Nebel ist auf die vielen Wasserstellen und das nahe, offene Meer zurückzuführen. Ob die Insel Rudolf noch zu Fuß erreichbar oder bereits abgeschnitten ist? Bevor ich die Situation nicht mit eigenen Augen gesehen und beurteilt habe, will ich die Expedition nicht beenden. Auch Julius Payer musste in diesem Bereich, den er als »Rawlinson-Sund« bezeichnete, aufgrund widriger Eisverhältnisse mehrmals hin und her kreuzen. Es ist wirklich unfassbar, welchen Mut, viel mehr aber noch, welches Glück Julius Payer letztlich hatte, nicht durch aufbrechende Wasserstellen auf dem Rückweg zur *Tegetthoff* abgeschnitten worden zu sein. Er hatte die Natur auf seiner Seite. Und wir? »Time is on my side« – Mick Jaggers Worte klingen in meinem Kopfhörer und hoffentlich auch in Neptuns Ohr oder wer auch immer hier das letzte Sagen hat.

Müde fallen wir nahe der Insel Houen in die Zelte und bald in den Schlaf. Auf dem kleinen Eiland queren wir am nächsten Morgen den Weg der beiden Norweger Fridtjof Nansen und Hjalmar Johansen, die hier am 16. August 1895 auf ihrer epochalen Reise mit Kajakschlitten durch das Eismeer Station machten. Nansen: »Die Insel, auf der wir uns jetzt befinden und wo wir auf trockenem Lande herrlich geschlafen haben, ohne daß das Eis in Pfützen unter uns schmolz, ist ein langer moränenartiger Rücken. Ich nannte sie die Insel Houen.« Nansen war der erste Mensch, der auf Franz Josef Land Ski einsetzte. Mit großem Erfolg. Der kreative Norweger führte bereits 1888 die erste Durchquerung Grönlands mit Ski bzw. »auf Schneeschuhen«, wie die deutschsprachige Übersetzung seines Buches lautet, durch. Am nächsten Morgen machen wir uns wieder frohen Mutes auf zur nahe gelegenen Insel Torup mit ihrem markanten Felsgipfel. Julius Payer erreichte diese Gegend auf dem Rückweg am 14. April 1874, wo er auf einer der »nur selten sichtbaren« Coburg-Inseln sein Lager aufschlug.

Nach der Annexion der Ländereien durch die Sowjetunion im Jahre 1926 wurden die Namen, die die Entdecker den Inseln, Sunden und Kaps gaben, im Kern mit größter Korrektheit und Pietät übernommen, obwohl viele auch an westliche Aristokraten und »Kapitalisten« erinnern. Die geografische Nomenklatur Franz Josef Lands hält die Erinnerung an ein ruhmvolles Kapitel altösterreichischer Entdeckungsgeschichte mit Weltumsegelungen und Forschungsexpeditionen in alle Erdteile wach. Wenn man die heutige Karte Franz Josef Lands betrachtet, so ist aus den Namen, die hier zu finden sind, aber auch die multinationale Erforschung des Archipels abzulesen. Sie ist vielfältig wie sonst nirgendwo in der Arktis. Österreichische Namen stehen neben englischen, amerikanischen, italienischen, norwegischen und russischen. Durch die Transkription in das Russische veränderte sich die ursprüngliche Schreibweise in manchmal recht skurriler Weise. So wurde die Insel Hooker zur Ostrov Gukera, die Insel Hall zur Ostrov Gallja, die Insel Wiener Neustadt zur Ostrov Viner Nejstadt, Salisbury Island zur Ostrov Solsberi und der Austria-Sund zum Avstrijskij Proliv. Erstaunlich ist, dass der im wahrsten Sinne des Wortes kaiserliche Name Franz Josef Land die kommunistische Propaganda überlebt hat. Die Versuche, den Archipel in »Lomonossow-Land« oder »Fridtjof-Nansen-Land« umzutaufen, scheiterten – glücklicherweise. Und so heißt er heute auch in Russland offiziell »Semlja Frantsa Josifa«.

Der Kugelkompass hilft bei der Orientierung im Whiteout.

Ratlos schauen wir auf der Insel Torup auf die schneeverwehte Eisfläche und den in offenem Wasser treibenden Eisberg vor uns.

Sind wir am Ende?

Auf dem Weg zur Insel Torup passieren wir wieder eine große offene Wasserstelle. An der Nordküste der Insel richten wir uns einen geschützten Lagerplatz zwischen angebrandeten Eisschollen und steilen Felsklippen ein. Nikita schaut mit seinen Erfrierungs- und Sonnenbrandblasen im Gesicht mitgenommen aus. Wir sehen ihm an, dass er froh ist, nach all den unsicheren Eispassagen endlich wieder auf einer sicheren Insel zu sein, von der Fridtjof Nansen schwelgte: »Die Insel, zu der wir jetzt kamen, schien uns einer der lieblichsten Orte auf der Erde zu sein. [...] Ein schöner flacher Strand, eine alte Strandlinie mit weißen Muscheln, die überall verstreut waren, ein schmaler Gürtel offenen Wassers längs der Küste, wo Schnecken und Seeigel auf dem Grunde sichtbar waren und Flohkrebse umherschwammen. In den Klippen über uns waren Hunderte von kreischenden Krabbentauchern, und neben uns flatterten Schneeammern mit fröhlichem Gezwitscher von Stein zu Stein.«

Ich besteige den spitzen Gipfel der Insel Torup, um die Umgebung besser auskundschaften zu können und Ausschau zu halten, ob es möglich ist, noch weiterzugehen. Steile schnee- und felsdurchsetzte Hänge führen auf die Anhöhe der Insel. Doch plötzlich mache ich im Schnee eine erschreckende Entdeckung. Da liegen die Überreste eines Eisbärenbabys. Ich bekomme Herzklopfen. Vielleicht konnte es seiner Mutter nicht mehr folgen. Wie nah in der Arktis Leben und Tod doch sind! Die Inselwelt, für uns Gäste – etwas selbstkritisch ausgedrückt – ein »Abenteuerspielplatz«, ist für die hier lebenden Tiere ein harter Lebens- oder besser gesagt Überlebensraum. Wie schnell könnte auch uns in diesem extremen Grenzraum der Erde ein Unglück treffen. Wie verletzlich ist doch der Mensch in dieser Welt! Welches Risiko bin ich bereit einzugehen? Nachdenklich stapfe ich die letzten Meter bis zum höchsten Punkt.

Ein wunderbarer Ausblick bis zur gegenüberliegenden Insel Hohenlohe eröffnet sich. Nahe der Insel Torup ist das Packeis noch sehr kompakt und eben. Doch nur wenige Kilometer weiter im Norden in der heute Triningen-Sund genannten Wasserstraße ist stark aufgetürmtes Presseis zu sehen. Hier sind massive Eisschollen unter lautem Krachen vom freien Polarmeer aus Nordwesten hereingetrieben und haben sich ineinander verkeilt. Dazwischen befinden sich immer wieder dünne Eisschichten oder vielleicht sogar auch zugewehte Wasserstellen. Selbst mit dem Fernglas ist die Situation aus der Entfernung nicht genau zu beurteilen. Weit draußen ist der Horizont schwarz. Ich erblicke das eisfreie Polarmeer im Norden. Vielleicht ist es möglich, über die Eisverbindung noch zumindest bis zur Insel Hohenlohe zu gehen. Egal, denn was mich auf einmal mehr beschäftigt, sind all die ziemlich frischen Eisbärenspuren. Ob mein Pfefferspray im Ernstfall wirklich ausreichen würde, wie Nikita meint? Ich will es gar nicht so genau wissen und mache mich lieber auf den Rückweg ins Lager.

Dort erörtern wir gemeinsam die Eissituation. Alle vier sind wir uns angesichts der in einer nahen Polynja treibenden Eisberge und der großflächigen dunklen Flecken im Eis einig, dass ein Weitergehen mit den schweren Pulkas in den äußersten Norden des Archipels zu riskant ist. Das Risiko, dass der leichte Wind sich innerhalb weniger Stunden drehen und die komprimierten Eisschollen vom Polarmeer her in Bewegung setzen kann, ist nicht wirklich zu kalkulieren. Viktor gibt mir jedoch recht: »Es müsste möglich sein, in einer Blitzaktion ohne Pulkas noch eine Etappe zu schaffen.« Daher vereinbaren wir, dass Robert und ich nach einigen Stunden Schlaf einen schnellen Abstecher nur mit leichter Notfallausrüstung und einer Waffe gegen Eisbären, aber ohne Pulkas bis zur gegenüberliegenden Insel Hohenlohe wagen werden. Wir sind zuversichtlich und freuen uns auf den Ausblick zur Insel Rudolf, der nördlichsten des Archipels. Die große Ungewissheit vor dem, was uns erwartet, und vor allem die Tatsache, dass wir uns, so abgeschieden, wie wir auf Franz Josef Land ohnehin schon sind, nun auch noch trennen und gar nur zu zweit ohne Zelt und Schlafsack losziehen, erzeugt doch ziemliches Bauchkribbeln, spornt mich aber gleichzeitig auch enorm an. Julius Payer hätte das sicher gefallen.

Um 16.00 Uhr weckt uns Nanuk mit grellem Gebell. Eisbäralarm! Eine neugierige und recht aufdringliche Eisbärin hält uns drei Stunden lang auf Trab. Ob sie die Mutter des toten Jungen ist? Nanuks Gebell und Nikitas Gefuchtel mit der Schneeschaufel wirken nur kurz. Immer wieder versucht sie, sich zwischen den Eisblöcken entlang der Küste geduckt anzuschleichen. Als sie sich ganz gewieft über einen steilen Schneehang hinter dem Lager annähert, gelingt es Robert, ihr vom Zelt aus mit einem gezielten Schuss aus der Signalpistole den Spaß endgültig zu verderben. Erschrocken über den Knall und über die Leuchtkugel vor ihren Tatzen gibt sie schließlich Fersengeld und uns als üppige Zwischenmahlzeit endgültig auf.

Kap Schrötter

Robert und ich kochen uns noch eine ordentliche Portion Nudeln und starten dann um circa 23.00 Uhr bester Dinge. Das Wetter ist brillant. Die Mitternachtssonne strahlt mit dem tiefblauen Polarhimmel um die Wette. Nur im Nordosten, ganz hinten am Horizont, lauert weit entfernt eine tiefe, dunkle Wolkenbank, der wir alle aber nicht viel Aufmerksamkeit schenken. Wir nehmen Skier, Seil, Eispickel und Schneeschaufel und sonst nur das Allernotwendigste in einem Tagesrucksack mit, um im Notfall ein Biwak zum Überleben für ein paar Tage im Schnee errichten zu können. Die Wasserstraße zur Insel Hohenlohe ist recht gut gefroren und wir kommen gut voran. Immer wieder blubbert aber Wasser aus Löchern und Spalten herauf, wenn wir die Eisdecke belasten. Manchmal halten wir die Luft an und lauschen, ob wir nicht Neptun zu sehr reizen, wenn wir auf seinem Haupt herumtanzen. Aber es ist wohl weniger ein göttlicher als vielmehr ein teuflischer Tanzboden, ein Labyrinth aus Eisblöcken und verschneiten Wassertaschen, den wir da unter unsere Füße genommen haben! Im Zickzackkurs steuern wir auf die namenlose Landspitze der Insel Hohenlohe zu, die wir um circa. 01.30 Uhr erleichtert erreichen und in Spitzkehren über eine steile Schneerampe ersteigen können. Per Satellitentelefon informieren wir unsere Freunde. Viktor wünscht uns für den nächsten Husarenritt, den wir jetzt noch vorhaben, viel Glück.

Unser letztes Ziel liegt am anderen Ufer der Insel. Payer wählte dort die weithin sichtbare Felspyramide des Kap Schrötter als Ausgangspunkt für seinen letzten Vorstoß, den er mit einem Dreierteam nach Norden bis zur Insel Rudolf unternahm. Zur Sicherheit habe ich die Koordinaten des Kap Schrötter und auch einiger wichtiger Wegpunkte aus der Navigationskarte herausgerechnet und in das GPS-Gerät eingespeichert. Die vor Stunden noch unscheinbare Wolkenfront hat sich mit überraschend großer Geschwindigkeit genähert und bereits die Gletscherkuppen des Hohenlohe-Eisschildes verschlungen. Nun sinkt die Wolkenuntergrenze immer tiefer und es dauert nicht mehr lange, bis wir in totalem Whiteout und leichtem Schneetreiben stecken. Mit geduckten Köpfen ziehen wir Schritt um Schritt dahin. Unser Zeltlager drüben auf der Insel Torup kommt mir jetzt wie ein sicherer Hafen vor, den wir besser bald wieder anlaufen sollten. Bei so einem Wetter, nur zu zweit, ohne Zelt, Schlafsack oder Kocher auf diesem weiten, kontur- und orientierungslosen Gletscher auf einer anderen Insel unterwegs zu sein – da können schon seltsame Gedanken aufkommen.

Die Konzentration auf die Navigation lenkt mich von drohenden Hirngespinsten ab. Würde ich mich in dem Nebel nur mehr auf das Orientierungsgefühl verlassen, wir wären mit Sicherheit verloren. Meinem Gefühl nach zeigt der Kugelkompass in die falsche Richtung. Habe ich die Deklination falsch berechnet? Oder gibt es hier etwa unbekannte magnetische Anomalien, die den Kompass irreführen? Nicht sehr ermutigend schießt mir durch den Kopf, dass Payers kartografische Fehler auch durch eisenhaltiges Gestein, das seine Kompassnadel ablenkte, erklärt wurden. »Wir müssten doch mehr in diese Richtung gehen«, bin ich mir sicher und zeige mit dem Stock nach links. Doch der Kugelkompass ist anderer Meinung und zeigt beharrlich immer in dieselbe Richtung, das heißt geradeaus. Vertrauensvoll folge ich dem Magnetpfeil und nicht dem Instinkt. Ich fokussiere meine Aufmerksamkeit auf den sich im Rhythmus meiner Schritte in der Flüssigkeit wiegenden Kompassball. Auf einmal schießt mir wieder die Absurdität unserer heutigen Aktion durch den Kopf. Was machen wir hier bloß? Wir laufen bei null Sicht zu zweit ohne komplette Polarausrüstung bei miserablem Wetter fern von unserem sicheren Ausgangslager auf einer

Vorherige Seite:
Nanuk läuft meist vorweg und durchstöbert die Umgebung nach Eisbären.

Kap Schrötter: Die Ski markieren die Felsnische, in der Haller, Sussich und Lukinovich die Rückkehr von Payer, Orel, Klotz und Zaninovich abwarteten.

menschenleeren Insel mitten im Eismeer herum zu einem Ort, dessen Bedeutung sich nur aus jener schicksalhaften Fügung ergibt, vor ewig langer Zeit einmal ein paar armen Kerlen für ein paar Nächte Unterschlupf gewährt zu haben.

Doch endlich wird das Gehen viel leichter und die Skier beginnen wie von alleine auf der zarten Pulverschneeschicht zu gleiten. Wir haben die Gletscherkuppe überwunden und bereits unmerklich mit dem Abstieg begonnen. Im Whiteout auf der flachen Eiskappe war nicht einmal erkennbar, ob wir noch bergauf oder bereits bergab gehen. In langen Schritten tasten wir uns jetzt bis zur Küste vor. Dann lichtet sich plötzlich der Nebel und wir gleiten aus der Wolkendecke mit Doppelstockschüben nach unten hinaus. Und siehe da: Die Skispitzen zeigen punktgenau auf ein kleines Felskap vor uns. Der Kugelkompass hatte also doch recht. Das Kap Schrötter liegt in greifbarer Entfernung direkt auf unserem Kurs. Wir sind die ganze Nacht gelaufen und erreichen es am 19. Mai 2005 um circa 5.00 Uhr.

Ich bin aufgeregt. Mit jedem Meter, den wir uns dem historischen Lagerplatz nähern, steigt meine Spannung. Anhand Payers Beschreibung einer sonnenbeschienenen Wand am Fuß der Felsen finde ich die einzige Stelle, an der im Schutz einer steilen Felswand das halbierte Zelt hätte stehen können. Unter einer senkrechten Basaltwand bot eine erhöhte Plattform einen Unterschlupf für Sussich, Lukinovich und Haller, dem »Gouverneur der Insel Hohenlohe«, sowie gute Deckung gegen Eisbären und Aussicht bis zur gegenüberliegenden Insel Rudolf, zu der Payer mit drei Leuten aufbrach. Die Erzählungen Payers vor Augen, stelle ich mir vor, welche dramatischen Szenen sich hier abgespielt haben mögen. Ein paar wie von Menschenhand aufeinandergelegte Steine deute ich sogar als zerfallenes Steinmännchen. Doch Robert reißt mich aus den Gedanken. So unterschiedlich unsere Temperamente sind, so unterschiedlich sind offensichtlich auch unsere Vorstellungen, wie wir den Endpunkt unserer Skireise erleben. Ich versuche mich in die Situation der Pioniere zu versetzen und bin voller Spannung und Neugierde. Robert aber will zuerst unser Glück genießen und gemeinsam auskosten. Beide lassen wir Dampf ab. Unsere ganze Anspannung löst sich. Wir laden unsere Rucksäcke ab, wechseln Worte, schreien uns an – und umarmen uns dann wieder, weinen und genießen unvergessliche Momente der Stille und des Glücks, überhaupt nach Franz Josef Land gekommen und es bis hierher geschafft zu haben …

Der Ausblick über den Neumayer-Sund zur Insel Rudolf bestätigt meine Befürchtung: Nur mehr eine schmale, zum Teil bereits aufgebrochene Eisbrücke verbindet die nördlichste Insel mit dem Rest des Archipels. Ansonsten schließen loses Treibeis und offenes Wasser an die Küste an. Dass die Insel Rudolf auf dem Landweg heuer nicht mehr erreichbar und die letzte Etappe der Payer-Route mit Ski nicht mehr wiederholbar ist, bedeutet einen kleinen Wermutstropfen, den uns die arktische Natur bereitet. Am Kap Schrötter haben wir aber den nördlichsten, noch halbwegs sicheren Punkt mit Ski erreicht und sind nach all den Erlebnissen und Eindrücken trotzdem überglücklich. Doch noch ist unser Abenteuer nicht vorbei: Das sichere Lager liegt über 15 Kilometer weit entfernt – und vor allem auf einer anderen Insel!

Wie Payer klettern auch wir auf den kleinen Gipfel des Kaps und spähen mit dem Fernglas gespannt hinüber zur Insel Rudolf und zu dem von klaffenden Spalten durchzogenen Middendorf-Gletscher. Payer hatte damals die Geeignetsten für seine letzte Etappe vom Kap Schrötter zur Insel Rudolf auswählen müssen. Haller ließ Klotz den Vortritt: »Klotz, da gehscht halt du; du bischt der bessere Mensch mit Ziehen und hartem Leben.« Aber er sollte sich irren. Klotz musste schon nach wenigen Stunden mit einem entzündeten Fuß umkehren. Für Payer war Zaninovich die »Perle unserer braven Mannschaft«. Und Schiffsfähnrich Orel erfreute den Oberleutnant »durch seine Bereitwilligkeit, trotz seiner entzündeten Augen, an der Reise nach dem äußersten Norden theilzunehmen«. Der Offizier an Bord der *Tegetthoff* bewährte sich durch seine Tapferkeit, Ausdauer und Verlässlichkeit, erzählte mir Renate Orel aus Axams in Tirol später einmal über ihren Großvater Eduard Orel. »Seine Teilnahme an der Expedition bedeutete eine große Veränderung. Denn nach der Rückkehr wurde er geadelt und in den Staatsdienst aufgenommen. Er durfte das kaiserliche Schloss Miramar in Triest verwalten.«

Gefährlich dünne Eisdecke
Eishaut aus der Vogelperspektive
Treibeis

Nach einem Sturm aufgebrochenes Meereis
Pfannkucheneis
Eis-»Kristall«

Am Morgen des 10. April 1874 brachen Payer, Orel, Klotz und Zaninovich und die beiden noch lebenden Hunde Jubinal und Torošy – Sumbu blieb auf der Jagd nach einer Möwe eines Tages verschollen – mit der anderen Zelthälfte, einem kleinen Hundeschlitten und Proviant für acht Tage zu einer Reise zur Insel Rudolf auf, die zu einem dramatischen Kampf ums Überleben werden sollte. Julius Payer erlebte die gefährliche Situation hautnah mit: Als sie den Middendorf-Gletscher beschritten, öffnete sich plötzlich die Schneedecke unter dem Schlitten. Lautlos stürzten Zaninovich, die Hunde und der Schlitten samt Payers wertvollen Aufzeichnungen in eine Gletscherspalte ab. Als Erster der Seilschaft wurde auch Payer beinahe in die Gletscherspalte gerissen: »Zurücktaumelnd, den finsteren Abgrund unter mir erblickend, zweifelte ich keinen Moment, daß ich ebenfalls sogleich hinabstürzen würde; aber eine wunderbare Fügung stemmte den Schlitten in etwa dreißig Fuß Tiefe zwischen den Eisgebilden des Gletscherspaltes, und zwar genau in dem Augenblicke, wo ich durch den mit drei Zentnern belasteten Zugstrang bis dicht an den Rand des Abgrundes geschleudert wurde.«

Dann Totenstille. Bis plötzlich aus dem Abgrund ein Winseln und Jaulen zu hören war. Zum Glück blieben alle unverletzt. Julius Payer: »Die Erinnerung daran, wie ich einst mit meinem Führer Pinggera in der Lombardie über eine achthundert Fuß hohe Eiswand des Ortlergebirges herabgestürzt und glücklich entkommen war, gab mir Zuversicht, den unter solchen Umständen verzweifelten Rettungsversuch zu wagen.« Payer und Orel sicherten das Seil und liefen dann, »obwohl unbewaffnet, dennoch gleichgiltig gegen die Eisbären« die zehn Kilometer lange Strecke zurück zum Kap Schrötter. Payer hängte Orel ab, überholte den verdutzten Klotz auf dessen Rückweg, warf erhitzt und in Schweiß gebadet Jacke, Stiefel, Handschuhe und Schal weg und rannte, so schnell er konnte, in Strümpfen (!) um Hilfe. Er hoffte, dass das Wetter hielt und nicht Schneefall die Spuren bedeckte. Klotz setzte seinen Weg zum Kap Schrötter fort. Payer eilte mit Orel, Haller, Sussich und Lukinovich zurück zum Middendorf-Gletscher. Es war eine absolut kritische Situation – Mannschaft, Hunde und Ausrüstung waren weit verstreut, Zelt und Proviant im Ausgangslager unbewacht. Johann Haller wurde an der Unglücksstelle an einem Seil in die Spalte gelassen, in der er den verängstigten Matrosen und die Hunde unversehrt vorfand: »Ich habe sie nacheinander angeseilt und hinaufziehen lassen. Somit ist alles glücklich und ohne Schaden abgegangen«, resümierte Haller trocken seinen riskanten Rettungseinsatz. Die ersten Worte des pflichtbewussten Zaninovich waren, Payer möge »ihm verzeihen, daß er, um dem Erfrieren zu entgehen, gewagt habe, etwas von jenem Rum zu trinken, der mit dem Gefäße vom Schlitten herab zu seinem Schneevorsprunge gefallen war«. Payer verzieh ihm. Er, Orel und Zaninovich setzten dann ihre Reise nach Norden bis zum Kap Fligely fort. Die anderen kehrten zum Kap Schrötter zurück.

Von dort machen wir uns um 8.00 Uhr auf den Rückmarsch. In circa 150 Meter über Meereshöhe tauchen wir wieder in die Nebelsuppe der tief hängenden Stratusbewölkung ein und gleiten wie in Trance über die schier endlosen Flächen der Eiskappe zu der Stelle, an der wir die Insel betreten haben. Unsere Spuren sind längst verweht, sodass ich erneut präzise navigieren muss. Ich konzentriere mich und lasse mich auch nicht lange von Gedanken an einen Bären ablenken, der uns im dichten Nebel folgen oder gar plötzlich vor uns stehen könnte. Auch grüble ich nicht lange darüber, ob ich das Gewehr dann mit weichen Knien schnell und sicher bedienen könnte. Nach einem langen, zähen Marsch erreichen wir schon um 11.00 Uhr die Küste, von wo wir wieder zur Insel Torup übersetzen. Die Sonne wird nun durch die Wolkenschicht als milchige Scheibe sichtbar. Durch den höheren Sonnenstand ist der Schnee in der Wasserstraße aufgeweicht. Wenn das Eis nicht mehr hält, stecken wir in einer Sackgasse.

Das Eis bleibt uns gewogen. Ab und zu klatschen die Skier ins Wasser, sinken aber durch unser Tempo nicht tief ein. Die letzten sieben Kilometer werden dann zur reinen Tortur. Wir plagen uns sehr. Es sind nun keine Funny Hours mehr. Durch die Reibung und die Wärme in den Polarbergschuhen brennen unsere Sohlen. Wir beide spüren, wie sich die Haut schichtweise abhebt und schmerzende Blasen bildet. Egal, wir müssen jetzt den Rückweg zu unserem Zuhause auf der Insel Torup schaffen. Endlich eine Pause machen oder weitergehen? Wer ist stärker – ich oder ich? Um mich von dieser Frage abzulenken, beginne ich Schritte zu zählen. Ich fixiere kleine Landmarken wie aufgetürmte Eisschollen oder Risse im Eis und schätze die bis dahin zurückzulegenden Schritte. Sind es dann noch mehr oder doch weniger? Robert hat sich eine andere Taktik zurechtgelegt: Er fixiert seine abwechselnd aneinander

Nur mit Notfallausrüstung laufen Robert Mühlthaler und ich über kritisches Eis zur Insel Hohenlohe.

vorbeischiebenden Skispitzen und schaut nur alle 100 Schritte einmal zu mir vor. Wir kämpfen um jeden Meter und um jeden Atemzug. Von Weitem erkennen wir die beiden gelben Zelte und zwei Punkte, die sich nervös an der Küste hin und her bewegen. Der Rückmarsch kommt uns vor wie eine Ewigkeit. Nach insgesamt 14 Stunden und 32 Kilometern über arktisches Terrain aus Meer- und Gletschereis erreichen wir um 13.00 Uhr wieder unser Ausgangslager auf der Insel Torup. Viktor und Nikita umarmen uns sichtlich erleichtert und reichen uns zwei erfrischende Tassen kalten Fruchtsaft aus geschmolzenem Schnee. Für uns das beste Getränk, das es auf dem ganzen Archipel gibt. Im Zelt wartet bereits ein dampfender Topf Pasta mit Olivenöl und Speck! Und es gibt eine weitere gute Nachricht: Ein Hubschrauber vom Typ MI-8 MTV hat sich bereits von Spitzbergen aus auf den Weg nach Franz Josef Land gemacht, um uns am nächsten Tag planmäßig zu evakuieren.

Wie lange wird es wohl dauern, bis wir alle Erlebnisse unserer 25-tägigen Expedition auf Franz Josef Land wirklich begriffen haben: die sensationellen Ausblicke aus den Hubschraubern; die 21 Tage und 250 Kilometer mit Pulka und Ski quer durch den Archipel; die 17 Lager im Schnee; die Exkursionen zu zweit mit Robert; sein Einbruch ins Eis, mit Schreck und Kaltwasserschock; neun Eisbären, davon einer beinahe in Prankenschlagweite; der emotionale Schüttelfrost am Ende der Skiexpedition; Momente von Melancholie, Orientierungslosigkeit und Ausgesetztseins-Attacken; und dann auch immer wieder das unbeschreibliche Hochgefühl der Befreitheit in der stillen, glitzernden weißen Welt. Unvergesslich der Blick hinüber zur Insel Rudolf, wo auch Payers Expedition endete. All das bescherte uns Tiefenschauer, Seelenbeben, Adrenalin-Stromschnellen. Wir waren hundemüde, überglücklich und unendlich dankbar. Wir fühlten uns gut, aber keine Sekunde als Helden. Eingedenk wahrer Pioniertaten verwehren wir uns dagegen, dass sportliche Leistungen in unwirtlichen Weltgegenden im heutigen Zirkus der Eitelkeiten zu »Rekorden« hochstilisiert werden.

Die »Payer-Weyprecht-Gedächtnisexpedition« hinterlässt andere Spuren. Die hilfreichen Kontakte und geschlossenen Freundschaften bei der Erlangung der Sondereinreisegenehmigung, die gute Zusammenarbeit von Österreichern und Russen selbst unter extremen äußeren Bedingungen, die Erinnerung an die kühnen Leistungen der Entdecker oder das Aufzeigen, dass Franz Josef Land nicht nur mit seinem historischen Erbe, sondern auch als moderner Forschungsraum von größter Bedeutung ist. Die Tatsache, dass wir Franz Josef Land noch unter ähnlichen Naturverhältnissen, wie sie Julius Payer erlebt haben dürfte, selbst und im wahrsten Sinne des Wortes eingehend kennenlernen konnten, erscheint mir letztlich weniger ein Verdienst als vielmehr einfach eine ganz besondere Gnade, die uns zuteilwurde.

Rückflug

Am nächsten Morgen umrunden wir noch die Insel Torup auf der Suche nach einem geeigneten Landeplatz für den Hubschrauber. Wir finden eine schmale Landzunge, treten für einen besseren Kontrast ein großes Kreuz in den Schnee und markieren die Enden des Landeplatzes mit zwei Fähnchen, die dem Piloten die Windrichtung vor dem Aufsetzen anzeigen sollen. Schon hören wir das unverkennbare tiefe Dröhnen eines MI-8. »Da, da ist er!« Über die Gletscherkuppe der Insel Karl-Alexander-Land schwebt ein dunkler Punkt in unsere Richtung. Per Satellitentelefon hat Viktor dem Piloten unsere Positionskoordinaten durchgegeben. Dennoch setzt dieser zur

Vorsicht zuerst in einiger Entfernung auf einer vereisten Sandbank auf, um die Lage zu prüfen. Nanuk ist außer sich vor Freude, reißt sich von uns los, lässt all seine bisherige Vorsicht außer Acht und läuft schnurstracks über unsicheres Eis laut kläffend bis zum Hubschrauber. Er ahnt wohl, dass der Aufenthalt in der Wildnis nun zu Ende geht. Der Pilot wartet auf ihn, startet dann und setzt die dröhnende Maschine beherzt und mit viel Fingerspitzengefühl erneut auf unserem behelfsmäßig präparierten Helipad auf. Der gewaltige *downwash* des übermotorisierten Hubschraubers wirbelt viel Schnee auf und hüllt uns noch in einiger Entfernung in eine weiße Schneewolke.

Es ist schon ein merkwürdiger Anblick, nach drei Wochen der Abgeschiedenheit mitten in der Wildnis auf einmal wieder einem frisch rasierten Piloten mit Krawatte gegenüberzustehen. Selbst der Kommandant der Basis Nagurskoe hat es sich nicht nehmen lassen, zur Begrüßung, die wieder sehr herzlich ausfällt, mitzufliegen. Es ist für ihn sicher eine sehr willkommene Abwechslung im polaren Soldatenalltag. Der junge Offizier verspricht uns auf der Station eine russische Polarsauna samt Bieraufguss, Abklatschen mit Laubzweigen, Ganzkörpermassage (oder hat er Ganzkörpermassaker gesagt?) und Eiswasserbad, bevor wir mit einer Militärmaschine auf das Festland geflogen werden sollen. Die großen Heckklappen des MI-8 werden geöffnet und unser Expeditionsmaterial in Eile eingeladen. Schon nach wenigen Minuten laufen die Turbinen wieder an und die große Hummel brummt mit uns davon.

Der freundliche Pilot aus St. Petersburg, einer der erfahrensten Polarflieger Russlands, erfüllt uns noch einen Wunsch und bringt uns zum legendären Kap Fligely auf der Insel Rudolf. Aus der Luft können wir beobachten, welches Eis uns auf dem Weg dorthin erwartet hätte oder besser gesagt, welches Eis uns da nicht mehr erwartet hätte. Wir erkennen nun mit einem Blick, welch großes Glück wir hatten, überhaupt noch so weit in den höchsten Norden des Archipels vorgedrungen zu sein. Die schmale Eisbrücke zwischen der Insel Hohenlohe und der Insel Rudolf sieht aus der Luft überhaupt nicht mehr einladend aus. Und es ist geradezu ein Wunder, dass die nahen Packeisfelder aus dem offenen Polarmeer nicht schon längst auch bis zur Insel Hohenlohe hereingetrieben sind. In meinem Expeditionstagebuch notiere ich: »Wären wir hier vorher mit dem Heli entlang geflogen, wir hätten wahrscheinlich auf das Abenteuer verzichtet, noch bis zur Insel Hohenlohe zu eilen.« Wir fliegen über das Säulenkap, an dem Julius Payer mit seinen beiden Begleitern vorbeigezogen ist.

Diese Szene ist in einem Gemälde von Adolf Obermüllner festgehalten. Während die zwei Felsmassive und das vergletscherte Hinterland darauf doch ziemlich überzeichnet sind, sind die Eisverhältnisse auf dem historischen Gemälde denen sehr ähnlich, die wir aus dem Hubschrauber sichten. Payer, Orel und Zaninovich bahnten sich über einen schmalen Streifen angebrandeten Treibeises einen Weg entlang der Küste, vorbei am Kap Brorok, dem Alkenkap, der Teplitz-Bucht und dem Kap Germania. Sie handelten im vollen Bewusstsein des Risikos wohl nach dem Motto »no risk, no fame«, denn Payer war sich klar: »Unsere Bahn war jetzt völlig unsicher. Es gab keine winterliche Schollendecke mehr, sondern nur noch Jungeis, salzbedeckt, zolldick, bedenklich biegsam und überlagert von Trümmerwellen jüngerer Pressungen. Wir banden uns an ein langes Seil; abwechselnd ging einer von uns voraus, und unaufhörlich wurde die Eisdecke sondirt. In dem Maße, als die Eisdecke unseres Weges biegsamer und dünner wurde, und wir beständig gewärtigten einzubrechen und verschlungen zu werden, nahm auch die Höhe und Verbreitung seiner aufgeworfenen Barrieren zu. Jeder Windhauch konnte das Eis aus der Bucht im Norden des Alkenkaps aufbrechen und wegtreiben.«

Teamgeist als praktizierte Völkerverständigung:
Robert Mühlthaler, Christoph Höbenreich,
Viktor Bojarski, Nikita Ovsianikov, Nanuk

Die legendäre Forschungsstation Rudolfa war bis 1995 in Betrieb.

Am Säulenkap herrschen 2005 ähnliche Verhältnisse wie 1874: Im Westen lag das offene Meer, im Osten versperrte die Eiswand jede Flucht bei anbrandendem Packeis (vgl. S. 46/47).

Nächste Seite: Blick zurück auf die Insel Torup (rechts oben), die Insel Hohenlohe mit dem Kap Schrötter (links oben) und die aufgetauten Festeisflächen dazwischen

Damals wie heute ist zur linken Seite das offene Polarmeer bereits bedrohlich nahe und zur rechten gibt es im Notfall keine Fluchtmöglichkeit über die senkrechte Gletscherfront. Derart mit der Drift angeraumtes Treibeis kann sich bei ablandigem Wind binnen kürzester Zeit von der Küste lösen und auf das offene Meer treiben. Und bei auflandigem Wind branden weitere Schollen an die Küste, wo sie in einem chaotischen Inferno zerbrechen und sich übereinandertürmen. Wir alle sind uns einig, dass wir uns im Gegensatz zu Julius Payer diesem Risiko nicht ausgesetzt hätten.

Julius Payer konnte 1874 nicht ahnen, dass »Kronprinz-Rudolf-Land«, wie er die Insel ursprünglich nannte, 58 Jahre später von der Sowjetunion zu einem Stützpunkt für Flüge zum Nordpol ausgebaut wurde. Die glatten Hochflächen des Middendorf-Gletschers bilden vorzügliche natürliche Landeplätze, von denen 1937 sowjetische Polarflieger mit schweren, mehrmotorigen Maschinen zum Nordpol und nach Alaska starteten. Er konnte nicht vorhersehen, dass auf der Insel Rudolf eine ganze wissenschaftliche Siedlung entstehen würde, mit zwei Wohnhäusern, Funkstation, Peilstelle, Lagerhäusern, einem Badehaus, Verpflegungslager und sogar einem Viehhof. Wir drehen eine Runde über der seit 1995 aufgelassenen Forschungsstation Rudolfa, um die tief verschneiten Häuschen und Antennenmasten besser sehen zu können, und landen dann bei leichtem Schneetreiben am Kap Fligely, dem nördlichsten Punkt Eurasiens. Die Hubschrauberbesatzung zaubert eine kleine Überraschung hervor: frisches Obst, frisches Gemüse und natürlich Wodka! Viktor spricht mit einem kräftigen »Nasdarowje!« einen Toast auf Julius Payer, Karl Weyprecht und die gesamte Mannschaft der *Tegetthoff* aus.

Für Julius Payer war es ein noch viel feierlicherer Moment, als er mit seinen zwei Begleitern am 12. April 1874 das Kap Fligely erreichte: »Die zunehmende Unsicherheit unseres spaltenumringten Weges, Proviantmangel, häufiges Einbrechen und die Gewißheit, seit Mittag durch einen fünfstündigen Marsch die Breite von 82° 5' erreicht zu haben, setzten unserem 17-tägigen Vordringen hier endlich ein Ziel. Nur mit einem Boote wären wir im Stande gewesen, noch einige Seemeilen längs der Küste weiter zu reisen.« Wir bestaunen die Stelle, an der Payer, Orel und Zaninovich die österreichisch-ungarische Flagge hissten, auch wenn die tatsächlich erreichte nördliche Breite 81° 51' 05'' betrug. Payer ahnte nicht, dass er den nördlichsten Punkt des Archipels und damit Eurasiens erreicht hatte. Vielmehr vermeinten er und Orel weiter im Norden noch weitere Landmassen im Dunst zu erkennen, bevor sie fluchtartig den Rückweg antraten.

Während Payer und seine Männer nun noch den langen und gefahrvollen Weg durch den Austria-Sund nach Süden zur *Tegetthoff* vor sich hatten, steht uns ein komfortabler, dafür aber spektakulärer Rückflug zur Basis Nagurskoe bevor. Der Pilot zieht den Hubschrauber knapp an Gletscherabbrüchen und Felsformationen vorbei oder in weit über 2 000 Meter Höhe hinauf, um uns einzigartige Luftaufnahmen zu ermöglichen. Meine Juchzer sind auch im Turbinenlärm wohl nicht zu überhören. Das Herz Franz Josef Lands, von einem makellos weißen Schneekleid bedeckt, liegt uns zu Füßen. Die Inseln wirken wie mit Zuckerguss überzogen. Franz Josef Land präsentiert sich zum Abschied von seiner allerschönsten Seite: als strahlendes Juwel der Arktis.

Rückkehr in den arktischen Sommer

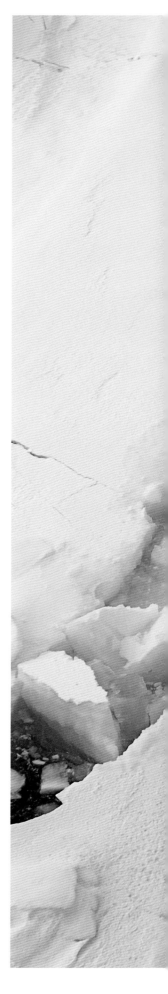

Laut krachend bricht sich der Eisbrecher *Kapitan Dranitsyn* durch meterdickes Packeis.

Vorvorherige Seite:
Der Rasensteinbrech zerlegt mit seinen Wurzelsekreten Gestein und sorgt für Humusbildung.

Vorherige Seite:
Der bodennahe Wuchs des Arktischen Mooses ermöglicht Schutz vor Kälte und Austrocknung.

Wenn der Schneemantel im kurzen Polarsommer flüchtig zurückgeschlagen wird, erblühen Oasen des Lebens.

Die wahren Pioniere der Arktis:
Flechten besiedeln selbst blanken Fels.

Die Fahrt mit der *Kapitan Dranitsyn*

Dichter, bleigrauer Nebel hängt in den frühen Morgenstunden über dem eisfreien Eismeer. Der über 24 000 PS starke Diesel-Elektro-Eisbrecher *Kapitan Dranitsyn* mit dem Eisbäremblem am Schornstein gleitet bei Windstille durch spiegelglatte See, die wie dickflüssiges Gelee wirkt. Sanft schlägt die Bugwelle an die massive Stahlwand. Ich lehne mit meiner Kamera in der Hand über die Reling gebeugt und warte. Laut Radarbild muss das Kap Tegetthoff unmittelbar vor uns liegen und jeden Moment erscheinen. Es ist ein seltsames Gefühl und mir kaum begreiflich, dass wir hier über ein Jahr zuvor mit Skiern gelaufen sind, wo jetzt der Anker ins Wasser rasselt. Zu vielfältig und skurril sind die Gegensätze, mit denen sich mir die Inselgruppe im Wechsel der Jahreszeiten präsentiert. Plötzlich lichten sich die Nebel und geben einen Blick auf die beiden spitzen Felsnadeln frei. Mein Herz beginnt zu klopfen. Es ist ein aufregendes, ein gutes Gefühl, wieder hier zu sein.

Zum vierten Mal bin ich nun in Franz Josef Land. Davon hätte ich vor einem Jahr nicht einmal zu träumen gewagt. Ganz unerwartet erhielt ich eine Einladung von Direktor Alexej Mironov, im Juli 2006 an Bord des Eisbrechers zu kommen und als Lektor an der exklusiven, 12-tägigen Polarkreuzfahrt teilzunehmen, die von Poseidon Arctic Voyages organisiert und durchgeführt wird. Die Freude ist umso größer, als ich erfahre, dass kein Geringerer als »unser« Viktor Bojarski die Schiffsreise leitet. Der russische Eisbrecher läuft am 17. Juli in Murmansk aus und erreicht Franz Josef Land nach zwei Tagen Fahrt durch die sturmgepeitschte Barentssee. Tagelang kreuzt der Koloss durch die Sunde des Archipels und führt uns zu den schönsten Plätzen, wie es das Programm verspricht. Aber dieses muss praktisch täglich, ja oft sogar stündlich umgeschrieben werden. Wir sind ja schließlich auf »Expedition«, und da heißt es, »flexibel zu sein«, wie uns eine Stimme über den Bordlautsprecher vollmundig klarmacht. Obwohl »Expedition« angesichts des an Bord gebotenen Luxus etwas effektheischend klingt, so gibt doch auch bei einer polaren Schiffsreise letztlich die Natur den Fahrplan vor. Für Abwechslung ist daher gesorgt: Schlauchbootfahrten zwischen Eisbergen, Anlandungen an historischen Schauplätzen wie am Kap Norwegen oder am Kap Heller, ein Grillfest an Deck, ein Spaziergang auf einem Eisberg, ein Bummel durch die verfallenen Häuser der Polarstation Buchta Tichaja oder spektakuläre Ausblicke von der über dreißig Meter (!) hohen Kommandobrücke des Schiffes in die Eisige Bucht, die Bucht der Geografen oder die De-Long-Bucht. Wir bewundern spielende Beluga- und kraftvolle Buckelwale, besuchen erneut die runden Steinkugeln am Kap Triest und erfreuen uns an den zarten arktischen Pflanzen auf der Insel Jackson, einer großen Walrossherde auf den Inseln Stolichka und Appolonov und einer Eisbärin, die sich mit ihrem Jungen schnüffelnd der Bordwand nähert. Vom Vorschiff können wir dem kreischenden Getöse Abertausender Dickschnabellummen und Dreizehenmöwen in den Steilwänden des gigantischen Monolithen Rubini Rock lauschen. Von wegen »Stille Bucht«!

Knapp über ein Dutzend Vogelarten brüten auf Franz Josef Land. Schneeammern, Sterntaucher, Dreizehen- und Schmarotzerraubmöwen, Gryllteisten, Eissturmvögel und Meerstrandläufer haben sich an das extreme Klima angepasst und je nach Vogelart in den Basaltwänden oder Strandterrassen ideale Brutplätze gefunden. Die Polynjas, deren −2 °C »warmes« Meerwasser bei tiefen Lufttemperaturen wie eine Sauna dampft, bieten schon früh im Jahr Nahrung. Und besonders hartgesottene Polarvögel wie Dickschnabellummen, Elfenbeinmöwen und Krabbentaucher können in diesen Oasen des Lebens auf Franz Josef Land sogar überwintern. Franz Josef Land ist auch Lebensraum für Meerestiere wie Kleinkrebse, Garnelen, Seesterne, Fische, darunter der Polardorsch, und Säuger wie Walrosse und Sattel-, Ringel- oder Bartrobben. Im Sommer wird der Archipel auch gerne von Mink- und Belugawalen besucht. Auch Nar- und Schwertwale und sogar die sehr seltenen und vom Aussterben bedrohten Grönlandwale werden in den Gewässern Franz Josef Lands noch gesichtet. Wenn im August die Lufttemperaturen für wenige Tage über dem Gefrierpunkt bleiben, beginnt in sumpfigen Gebieten ein besonderes Schauspiel: Dann erwachen Millionen kleinster Mücken zum Leben und nützen die wenigen Tage ihres Daseins zur Fortpflanzung. Mit dem ersten Frost ist der ganze Spuk vorbei und die Mücken sind wieder verschwunden.

Das Land hat sich jetzt im Sommer an vielen Stellen seines Schneemantels entledigt. Und das wenige noch übrig gebliebene Meereis zeigt sich sommerlich aufgebrochen und mit blauen und türkisen Schmelzwassertümpeln übersät. Es gibt interessante Fachvorträge, Lesungen, kulinarische Köstlichkeiten und anregende Gespräche mit der Besatzung und den Passagieren. Besonders spannend wird es, als wir uns im Norden des Archipels durch meterdicke, tonnenschwere Eisplatten brechen. Eisblöcke so groß wie Kleinlastwagen wälzen sich unter dem Druck des Stahlkolosses zur Seite. Das Schiff rumpelt, kracht und vibriert. Doch genau für diese Einsätze ist es ja gebaut.

Ich lerne Franz Josef Land aus einer ganz neuen Perspektive kennen und erliege erneut seiner Faszination. Eine exklusive Reise mit einem Eisbrecher samt bordgestütztem Hubschrauber erlaubt wirklich schöne Einblicke in das Herz der Arktis – leider aber kaum in ihre wahre Seele. Denn die offenbart sich nur dem, der sich den erbarmungslosen Unbilden der arktischen Wildnis wirklich aussetzt und es wagt, sie aus eigener Kraft zu entdecken.

Totengebeinsflechte
Blühender Rasensteinbrech
Der seltene Faden- oder Spinnensteinbrech

Nistplätze für Dickschnabellummen
Das Vitamin-C-reiche Löffelkraut schützte Polarfahrer vor Skorbut.
Atlantisches Walross

Naturschutz und Polartourismus

Franz Josef Land ist eines der letzten, weitestgehend ungestörten und unbewohnten Wildnisgebiete der Erde. Vor allem die südlichen, weniger kalten Teile des Archipels sind wahre Naturparadiese. Kap Flora – *nomen est omen* – auf der Insel Northbrook ist im wahrsten Sinne des Wortes ein blühendes Beispiel. Die Begriffe »karge Vegetation«, »arktische Tundra« oder »polare Kältewüste« bekommen für mich auf Franz Josef Land eine neue Bedeutung. Botaniker haben über 100 verschiedene Arten an Moospflanzen und Flechtenarten gezählt, die ihr Leben der beißenden Kälte abtrotzen. Flechten sind aufgrund ihrer Fähigkeit, sogar Gestein und blanken Fels zu besiedeln, wohl die wahren Pioniere der Arktis. Bis in den höchsten Norden der Inselgruppe und selbst auf den höchsten Spitzen der Nunataks sind diese symbiotischen Lebensgemeinschaften zwischen Pilzen und Algen zu finden: Braun, grün, gelb, orange, weiß, grau oder schwarz widerstehen die wundersamen Überlebenskünstler den härtesten Schneestürmen und den tiefsten Wintern. Sie können im Ruhezustand die widrigsten Umweltbedingungen, mehrmonatige Trockenzeiten, extreme Hitze und extreme Kälte überstehen. Flechten können auch bei sehr niedrigen Temperaturen noch recht effektiv Fotosynthese betreiben und daher selbst auf Franz Josef Land schneefreie und ungeschützte Standorte einnehmen. Der jährliche Zuwachs ist mit Bruchteilen von Millimetern jedoch sehr gering. Manche Flechten erreichen ein Alter von mehr als 4 000 Jahren und gehören zu den langlebigsten Lebewesen der Erde.

Es ist auch kaum zu glauben, dass hier 16 Grasarten und 57 Blüten- und Samenpflanzen vorkommen. Dem zarten Polarmohn, zahlreichen Steinbrechpflanzen oder dem Arktischen Hornkraut können die klirrenden Temperaturen und Stürme der winterlichen Polarnacht nichts anhaben. All diese Pflanzen haben einige gemeinsame Merkmale: Ihr kompakter und bodennaher Wuchs hilft ihnen, sich vor den harten Lebensbedingungen und der Austrocknung des Winters zu schützen. Große Gewächse wie Sträucher oder Bäume haben im harten Polarklima Franz Josef Lands keine Chance. Eine Ausnahme ist *Salix polaris*. Die polare Zwergweide ist winzig, wächst kriechend und ist die einzige Baumart im höchsten Norden der Erde.

Dank der jahrzehntelangen militärischen Sperre sind die Inseln praktisch ungestört von Jagd, Fang oder sonstigen wirtschaftlichen Interessen geblieben und es gibt heute wertvolle Tierbestände und Rückzugsgebiete. Im April 1994 wurde Franz Josef Land samt seiner umgebenden Meeresbereiche mit einer Gesamtfläche von 42 000 Quadratkilometern unter Schutz gestellt. Das *Semlja Frantsa Josifa Sakasnik* ist das größte Schutzgebiet dieser Kategorie in Russland und das größte maritime Naturreservat der Arktis überhaupt. Bergbau, Jagd, Fischerei, Müllablagerung und der Bau neuer Anlagen sind verboten, wissenschaftliche und touristische Aktivitäten hingegen erlaubt. Leider blieben ernsthafte Umweltschutz- und internationale Forschungsprogramme auf Franz Josef Land bislang aus, sodass die Auszeichnung als Naturreservat eher eine Initiative zur Belebung des Eisbrechertourismus zu sein scheint. Warum auch immer, es war in jedem Fall eine mutige Initiative, auf der es nun aufzubauen gilt.

Während die militärische Sperre Franz Josef Lands für den Schutz der Natur ein großer Vorteil war, stellt die militärische Nutzung für die unmittelbare Umgebung der Stationen eine schwere Belastung dar. Heute verfallen die Gebäude, rosten Tankfässer, Schrott und Wracks vor sich hin. Die menschlichen Eingriffe sind aber zum Glück sehr lokal geblieben und beschränken sich auf die beiden noch besetzten Stationen Nagurskoe auf Alexandra-Land und Krenkel auf der Insel Hayes sowie die verlassenen Stationen Rudolfa auf der Insel Rudolf, Buchta Tichaja auf der Insel Hooker und Greem-Bell auf der Insel Graham Bell. Obwohl diese Orte im Vergleich zur Größe des Archipels nur unbedeutende Punkte sind, so sind sie doch ein ästhetischer Widerspruch zur Unberührtheit Franz Josef Lands und seinem Status als Naturreservat. Außerhalb der Stationen sind bis auf trigonometrische Vermessungszeichen und einige Relikte historischer Expeditionen keine menschlichen Spuren zu finden.

Eine Frage hat mich immer wieder beschäftigt: Ist Franz Josef Land vielleicht atomar verseucht? Während die Sowjetunion in den 1950er- und 60er-Jahren Atommüll einfach vor der Küste Nowaja Semljas versenkte und zu Lande Atombomben zündete, ist Franz Josef Land aber glücklicherweise verschont geblieben. Und nach Untersuchungen der Universität Hamburg ist die Strahlenbelastung in den arktischen Randmeeren seit den 1980er-Jahren generell zurückgegangen. Sie befindet sich derzeit sogar auf einem niedrigeren Niveau als in der Nordsee. Eine Gefährdung von Menschen oder Meeresökosystemen in den subarktischen Zonen der nördlichen Hemisphäre liegt nicht vor. Ob der im Meer um Nowaja Semlja »entsorgte« Atommüll eine tickende Zeitbombe ist, wird sich zeigen.

Durch die Restriktionen gelangen ausländische Besucher heute praktisch nur auf Polarkreuzfahrten mit Eisbrechern nach Franz Josef Land. Diese werden seit Anfang der 1990er-Jahre durchgeführt und mehr oder weniger geduldet. Mitte der 90er-Jahre wurden vereinzelt sogar Hubschrauberreisen vom Festland aus angeboten, die jedoch aufgrund der Schließung der Polarstationen und ihrer Unwirtschaftlich-

Vorherige Seite:
Im Winter eine lebensfeindliche Eiswüste, erscheint Franz Josef Land im Sommer als anmutige Idylle.

Noch sind über 85 % der Inselfläche Franz Josef Lands vergletschert.

keit bald wieder zum Erliegen kamen. Sind Naturschutz und Polartourismus aber nicht ein Widerspruch? Ich sehe das nicht so, denn die persönlichen Eindrücke einer Schiffsreise bilden Respekt und prägen das Bewusstsein für die Besonderheiten der arktischen Wildnis, die es zu bewahren gilt. Und da man bekanntlich nur bewahrt, was man kennt und schätzt, erachte ich es als wichtig, dass interessierten Menschen der Zugang nach Franz Josef Land ermöglicht wird. Für einen wirkungsvollen Schutz braucht es neben nüchternen Wissenschaftlern, die den Naturraum weiter erforschen, und engagierten Umweltschützern für Aufräumaktionen bei den Stationen auch begeisterte Besucher, für die die Schönheit und Unberührtheit der Arktis Werte darstellen, die es zu erhalten gilt. Die Zukunft des *Semlja Frantsa Josifa Sakasnik* hängt also davon ab, in welcher Weise weiterhin eine begrenzte Anzahl eisgängiger Schiffe pro Jahr zugelassen wird. Und ob vielleicht schon nach unserem Vorstoß nun endlich auch wieder ausländische Forschungsaktivitäten und -kooperationen ermöglicht und vorhandene Stationen sinnvoll reaktiviert und gesäubert werden können. Touristenansturme sind ohnehin nicht zu befürchten. Sommernebel, hohe Kosten, Polarnacht, Packeis und tief zweistellige Minustemperaturen bieten hinreichend Schutz gegen menschliche Zudringlichkeit.

Die größte Bedrohung Franz Josef Lands geht ohnehin nicht von den wenigen touristischen Kreuzfahrern oder vom Verfall der Polarstationen, sondern vielmehr – neben der Klimaerwärmung – von der globalen Verschmutzung des Eismeeres und der Atmosphäre aus. An den Gestaden Franz Josef Lands fand ich Baumstämme aus den großen Wäldern Sibiriens, die über Meeresströmungen bis hierher gelangt sind. Wenn es diese Trümmer schaffen, dann liegt es auf der Hand, dass auch Schadstoffe mit Meeres- und Luftströmungen vom Festland oder dem Schiffsverkehr auf dem nördlichen Seeweg spielend bis hierher in den höchsten Norden gelangen können. Daher gilt es mittlerweile auch in der Arktis, überregional, ja international zu denken und zu handeln.

Im Zeichen der Klimaerwärmung

Die Arktis hat sich in den letzten 100 Jahren doppelt so stark erwärmt wie die Erde im globalen Mittel. Das bestätigt auch der Weltklimabericht 2007 des IPCC (International Panel on Climate Change). Der jüngste Trend der Klimaerwärmung spiegelt sich in der Arktis in einer Verschiebung des maritimen Eisbildungszyklus wider. Die arktischen Meere frieren immer später im Jahr zu und brechen früher wieder auf. Nach unserer Skidurchquerung waren die Wasserstraßen und Sunde Franz Josef Lands im Sommer 2005 komplett eisfrei. Und selbst im Januar 2006, also mitten im Hochwinter, waren große Flächen der Barentssee und Franz Josef Lands noch immer nicht zugefroren.

Wie aber in den Alpen ein sehr schneearmer Winter auf einen schneereichen folgen kann, können auch die Meereisverhältnisse in der Arktis nach wie vor von einem zum anderen Jahr vollkommen unterschiedlich sein. Sie reagieren nicht wie Gletscher relativ träge auf äußere Einflüsse, sondern können sich binnen kürzester Zeit verändern. Die jährliche Meereisverteilung wird dabei hauptsächlich durch die atmosphärische Zirkulation, das heißt durch die Lage der Tiefdruckgebiete in der Arktis verursacht. Es sind nämlich nicht nur die Temperaturen, sondern primär die Windverhältnisse ausschlaggebend.

Dass die Eisbedeckung des Nordpolarmeeres von Jahr zu Jahr variiert, erkannte bereits Julius Payer: »Es gibt kein offenes und kein völlig geschlossenes Polarmeer, sondern eine jährlich wechselnde Chance für die Schiffahrt.« Und so kam es damals, wie es kommen musste: Nachdem die Eisverhältnisse in der Barents- und Karasee in den Jahren von 1869 bis 1871 besonders günstig waren, geriet die österreichisch-ungarische Nordpolarexpedition im Jahr darauf in diese Eisfalle. Karl Weyprecht beobachtete: »Das Jahr, in welchem am 24. August 1872 dicht bei Kap Nassau der *Tegetthoff* von einer Treibeisscholle gefasst und fortgeschwemmt wurde, war ein gänzlich abnormes und eine Ausnahme von der Regel.« Ludwig Amadeus von Savoyen wiederum hatte 1899 ein leichtes Spiel: »Der Kaiser-Franz-Joseph-Archipel, den Payer 1873 für schwer zugänglich erklärt hatte, war von der *Stella Polare* mit größter Leichtigkeit erreicht und bis Kap Fligely durchfahren worden. Bequem auf dem Deck der *Stella Polare* sitzend, betrachteten wir mit inniger Rührung jenen Ort, an dem Payer und seine Gefährten 25 Jahre vor uns nach unsäglichen Anstrengungen und Entbehrungen die österreichisch-ungarische Flagge gehisst hatten.«

Das nordpolare Packeis beginnt im Mai aufzubrechen, im Juni auch das Festeis zwischen den Inseln, das im August dann größtenteils geschmolzen ist.

Durch Satellitenbilddaten kommen Ozeanologen zu der Überzeugung, dass die Meereisausdehnung in der Arktis in den letzten drei Jahrzehnten eindeutig abgenommen hat, auch wenn in einzelnen Jahren oder in einzelnen Randmeeren sehr viel Eis vorhanden sein kann. Laut aktuellem UN-Weltklimabericht verzeichnet das arktische Meereis seit 1978 einen Rückgang im Jahresmittel um acht Prozent, im Sommer gar um 22 Prozent. Neuen Klimamodellen zufolge wird das Nordpolarmeer bis zum Ende des 21. Jahrhunderts jeweils im Sommer größtenteils eisfrei sein. Der nördliche Seeweg entlang der sibirischen Eismeerküste könnte dann zu einer internationalen Schifffahrtsroute zwischen Atlantik und Pazifik und damit Weyprechts und Payers Traum von einer Nordostpassage doch noch wahr werden. Durch die internationale Polarschifffahrt würde wohl die Ausbeutung von Bodenschätzen und Rohstoffen wie Öl und Gas in der Arktis vorangetrieben – mit all den damit verbundenen Risiken und Gefahren für die arktische Natur.

Zur Zukunft des Klimas in der Arktis hat die Wissenschaft derzeit aber mehr Fragen als Antworten parat. Zu kompliziert sind die Wechselwirkungen und Rückkopplungseffekte zwischen Lufttemperatur und -feuchtigkeit, Bewölkung, Niederschlag, Eisschmelze, Süßwassereintrag, Meeresströmungen, Meereisverteilung und Rückstrahlung der Sonnenenergie von hellen Schnee- und Eisflächen. Außer Zweifel steht jedoch, dass der globale und offenbar durch den Menschen im wahrsten Sinne des Wortes angeheizte Klimawandel auch auf Franz Josef Land bereits seine Spuren hinterlassen hat. Gerade diese Inselgruppe würde sich durch ihre Lage am Rande des arktischen Packeises und im Übergangsbereich zwischen Barentssee und Nordpolarmeer als »Frühwarnsystem« sehr gut anbieten, sich verändernde ökologische und klimatische Verhältnisse in der Arktis zu erforschen und die für die Menschheit so wichtigen Fragen zu untersuchen.

Franz Josef Land – ein Weltnaturerbe?

Gerade weil im Zuge der Klimaerwärmung und der Abnahme des Packeises der Schiffsverkehr und die Nachfrage nach den Rohstoffen der Arktis zunehmen werden, wäre eine noch fast unverletzte und im Namen der Weltgemeinschaft geschützte Wildnis mehr als nur Symbolik: Franz Josef Land sollte UNESCO-Weltnaturerbe werden! Solch eine Wunschvorstellung, weit jenseits globalstrategischer Realitäten, nennt man wohl gemeinhin Utopie oder Vision. Aber ohne Visionen und Hoffnung wären auch ein Amundsen, ein Nansen, ein Weyprecht oder ein Payer niemals aufgebrochen. Franz Josef Land ist ein Gebiet von überragender Schönheit und ästhetischer Bedeutsamkeit mit ungestörter Entfaltung seiner hocharktischen Ökosysteme und Lebensräume. Und wenn sich die Idee eines Weltnaturerbes Franz Josef Land tatsächlich einmal verfängt – nicht zuletzt in der russischen Duma –, dann könnte unsere »Payer-Weyprecht-Gedächtnisexpedition 2005« auf Franz Josef Land auch für unsere Kinder bedeutsam gewesen sein.

Ich träume davon, dass die Mystik und die Wildheit Franz Josef Lands ganz im Sinne Julius Payers erhalten bleiben, der 1876 schrieb: »Welch ein Schweigen liegt über einem solchen Lande und seinen kalten Gletschergebirgen, die in unerforschlichen duftigen Fernen sich verlieren, und deren Dasein ein Geheimniß zu bleiben scheint für alle Zeiten ...«

Die steilen Basaltwände des Kap Flora bilden ideale Nistplätze für Vogelkolonien, deren Guano das Pflanzenwachstum fördert.

Daten und Fakten

Der Küstenverlauf
Franz Josef Lands
im Vergleich zu
Payers beachtlich
genauer Kartierung
(fette Linien, vgl. S. 38)

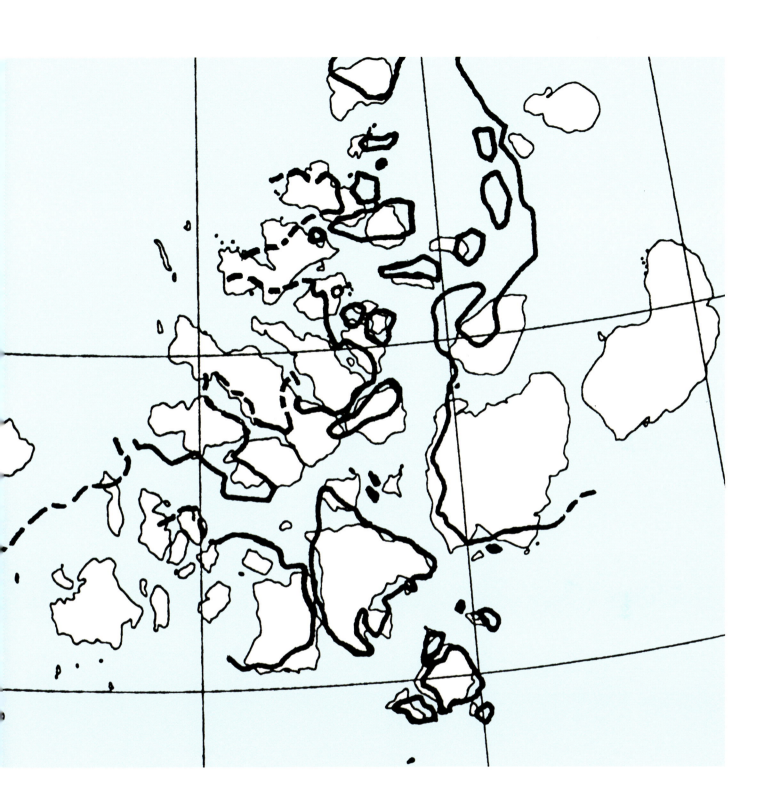

Die Hauptakteure der beiden Expeditionen

Oberleutnant Julius von Payer
Julius Payer wurde am 2. September 1841 in Schönau bei Teplitz geboren. Er besuchte die Kadettenschule von Lobzow und die Theresianische Militärakademie in Wiener Neustadt. Zwischen 1864 und 1868 führte er die kartografische und alpinistische Erschließung der Ortlergruppe durch. Auf über dreißig Erstbesteigungen, wie Adamello, Vertain-Spitze, Cevedale, Zebru und Hoher Angelus, sammelte er Erfahrungen mit dem Eis, die ihm dann als Kommandant der Schlittenreisen bei der zweiten deutschen Nordpolarexpedition nach Ostgrönland (1869/1870) zugutekamen. Mit Karl Weyprecht unternahm er 1871 eine erste Erkundungsexpedition auf der *Isbjörn* in die nördliche Barentssee. Als Kommandant der Schlittenreisen bei der österreichisch-ungarischen Nordpolarexpedition nach Franz Josef Land wurde er berühmt. Später zog er sich jedoch verbittert aus der Armee zurück und lebte als liberaler, kosmopolitischer und pazifistisch gesinnter Schriftsteller, Vortragsredner und Maler in Paris und Wien. Er blieb als Wanderer ein Naturliebhaber und starb nach längerer Krankheit einsam und verarmt am 29. August 1915, bekam dennoch ein Ehrengrab auf dem Wiener Zentralfriedhof.

An Julius Payer erinnern: Payer-Hütte (1875 erbaut) und Payer-Ferner am Ortler, je eine Payer-Spitze im Ortler-Massiv und in Ostgrönland, Payer-Land in Ostgrönland, Payer-Gruppe in der Antarktis, Mount Payer im Yukon, Kap Payer auf Spitzbergen, Payer Harbour auf Ellesmere Island, Insel Payer, Payer-Gletscher und Julius Payer See auf Franz Josef Land

Schiffsleutnant Karl Weyprecht
Karl Weyprecht wurde am 8. September 1838 in Darmstadt geboren, wählte jedoch Triest als Wohnort und diente als Offizier in der österreichisch-ungarischen Kriegsmarine, unter anderem auch unter Admiral Tegetthoff auf der Fregatte *Radetzky* (1860 – 1862). In den 1860er-Jahren machte er sich um die Dokumentation der adriatischen Küstengewässer verdient. Nach der Erkundungsexpedition auf der *Isbjörn* in die nördliche Barentssee mit Julius Payer erhielt er die österreichisch-ungarische Staatsbürgerschaft und war verantwortlich für den Bau des Polarschiffes *Admiral Tegetthoff*. Als Expeditionsleiter und Kommandant der *Tegetthoff* bei der österreichisch-ungarischen Nordpolarexpedition nach Franz Josef Land oblag ihm die Dokumentation geophysikalischer Messdaten. Er gilt als Initiator des ersten Internationalen Polarjahres 1882/83, dem bis jetzt noch drei weitere folgen sollten (1932/33, 1957/58, 2007/08). Er war Mitarbeiter der Meteorologischen Anstalt in Wien und starb am 29. März 1881 in Michelstadt. Sein Ehrengrab liegt in Bad König.

An Karl Weyprecht erinnern: Weyprecht-See und Weyprecht-Bucht auf Franz Josef Land, Mount Weyprecht im Yukon, Weyprecht-Gruppe in der Antarktis, Weyprecht-Gletscher auf Jan Mayen

Dr. Christoph Höbenreich
Christoph Höbenreich, geboren 1968 in Innsbruck, lebt mit Jolanda und den Söhnen Timo und Daniel in Thaur, Tirol, studierte Geografie und Sport und ist staatlich geprüfter Berg- & Skiführer. Zahlreiche Reisen und Expeditionen führten ihn auf hohe Berge im Himalaja, Karakorum und Kaukasus, in den Anden und den Gebirgen des Elburs, Anatoliens sowie Ostafrikas. Als Alpinist arbeitete er bei den ORF-Filmexpeditionen »Universum Arktis Nordost« auf Franz Josef Land (1993 und 1994). Er war Initiator und Leiter der österreichischen Skireise am Nordpol (1997) und Leiter der US-Polarbasis Vinson Base Camp in der Antarktis (2001 und 2002). Er bestieg insgesamt fünfmal den Mt. Vinson, den höchsten Berg Antarktikas (2000 bis 2003). 2003 initiierte und leitete er die Ski-/Hundeschlittenexpedition »Trans-Grönland« und 2005 die »Payer-Weyprecht-Gedächtnisexpedition«. Im Sommer 2006 fuhr er als Lektor an Bord des Eisbrechers *Kapitan Dranitsyn* noch einmal nach Franz Josef Land.

Robert Mühlthaler
Robert Mühlthaler, geboren 1963 in Hall in Tirol, lebt mit Olivia, Tochter Lina und Sohn Lorenz in Innsbruck. Er arbeitet als Umweltexperte der ÖBB und engagiert sich als Organisator des »GEO-Tages der Artenvielfalt« in Österreich und als Präsident des Vereins »Ptolemäus« für Sozial- und Naturschutzprojekte. Er war Mitglied des österreichischen Handball-Nationalteams (1989 – 1990), reiste in den Himalaja (1995), durchquerte Zentralasien mit dem Mountainbike (1997) und bestieg den Demawend (1999), den Kilimandscharo und Mt. Kenia (2001), den Cotopaxi (2003) und den Ararat (2004).

Dr. Viktor Bojarski

Viktor Bojarski, geboren 1950 in Rybinsk, lebt mit Natasha in St. Petersburg und ist bereits Großvater. Der studierte Glaziologe arbeitet heute als Direktor des Polarmuseums St. Petersburg und als Leiter der Logistikagentur VICAAR. Als Mitarbeiter des Arctic Antarctic Research Institute führten ihn zahlreiche Forschungsexpeditionen in beide Polargebiete und zur Vostok-Station, dem kältesten Ort der Erde. Er nahm auch an sportlichen Polarexpeditionen teil, wie an einer Ski-/Hundeschlittenexpedition zur Längsdurchquerung Grönlands (1988) und der legendären »Trans-Antarctica Expedition« (1989/90), der längsten Durchquerung des Kontinents Antarktika. 1995 gelang ihm im Rahmen des »International Arctic Project« die Durchquerung des Nordpolarmeeres von Sibirien nach Kanada über den Nordpol. Bei der »Payer-Weyprecht-Gedächtnisexpedition 2005« fungierte er als Koleiter. Viktor Bojarski ist heute als Logistiker und Expeditionsleiter auch bei polaren Skireisen und Eisbrecherfahrten gefragt.

Dr. Nikita Ovsianikov

Nikita Ovsianikov, geboren 1952 in Wien, lebt mit Irina Menjushina und Tochter Katja – wenn er nicht gerade irgendwo in Sibirien unterwegs ist – in Moskau. Der Zoologe und Eisbärenexperte arbeitet als Direktor für Umweltbildung im Wrangel Island State Nature Reserve. Er ist Buchautor, Tierfilmer, Naturschutzexperte, Kanufahrer und Skiläufer und hat zahlreiche Forschungsexpeditionen in die Arktis, insbesondere zur Wrangel-, Commander- und Herald-Insel und der Jamal- und Tschuktschen-Halbinsel unternommen.

Nanuk

Der Samojede Nanuk wurde 1999 in Moskau geboren. Er liebt Spiele im Schnee, Wildniswanderungen und Pulkafahren.
Seit seinem ersten Lebensjahr lebt er regelmäßig mit Nikita Ovsianikov auf Wrangel Island. Bei der »Payer-Weyprecht-Gedächtnisexpedition 2005« war er Eisbärenwächter.

Christoph Höbenreich
Viktor Bojarski

Robert Mühlthaler
Nikita Ovsianikov

Viktor, Christoph
und Nanuk

Chronologie der Entdeckung Franz Josef Lands

Um 1700
Nach einem Bericht des Amsterdamer Bürgermeisters Nicolaas Witsen soll der holländische Seefahrer Cornelis Roule weit nördlich von Nowaja Semlja »gebrochenes Land« durchfahren und betreten haben.

1865
In Russland vermutet Baron Nikolaj Schilling, ein deutscher Seeoffizier im Dienste des Zaren, durch Schichtungen von Steinen auf Treibeisschollen, dass es im Norden eine Landmasse geben müsse. Der norwegische Robbenfänger Nils Frederik Rønnbeck sichtet östlich von Spitzbergen unbekanntes Land, hält die neuen Fanggebiete aber geheim.

1870
Der Sekretär der Russischen Geografischen Gesellschaft Pjotr Alexejevich Kropotkin präsentiert den Plan einer Expedition, um das von Schilling vermutete Land zu finden. Sein Anliegen findet aber kein Gehör.

1872 – 1874
Die österreichisch-ungarische Nordpolarexpedition unter Karl Weyprecht und Julius Payer entdeckt Franz Josef Land am 30. August 1873, benennt Inseln, Berge, Sunde und Kaps und erbringt erstmals offiziell Beweise, den Archipel betreten und erforscht zu haben.

1879
Die holländische zoologische Arktis-Expedition unter Kapitän De Bruyne sichtet Franz Josef Land.

1880 und 1881/1882
Der Engländer Benjamin Leigh Smith erkundet in zwei Expeditionen den Südwesten von Franz Josef Land. Auf der Insel Bell errichtet er die heute noch intakte *Eira* Lodge. Nachdem aber die *Eira* vor der Insel Northbrook vom Eis zerdrückt wird, muss die Expedition auf Kap Flora in einer Nothütte überwintern. Sie schlägt sich dann im Frühjahr 1882 mit Booten bis Nowaja Semlja durch, wo sie gerettet wird.

1886 – 1930
Franz Josef Land wird regelmäßig von norwegischen und vereinzelt von britischen Jagdexpeditionen aufgesucht.

1894 – 1897
Der Engländer Frederick Jackson unternimmt mit der *Windward* eine dreijährige Expedition und überwintert in den Holzhütten seiner Station Elmwood auf Kap Flora. Er erkundet den Westen Franz Josef Lands auf Schlitten- und Bootsexkursionen. Er weiß zwar von Nansens Drift mit der *Fram*, aber nicht, dass sich der Norweger bereits bis Franz Josef Land durchgeschlagen hat.

1895/1896
Nachdem sie die im Eis driftende *Fram* verlassen haben, um den Nordpol zu erreichen, gelingt es Fridtjof Nansen und Hjalmar Johansen, sich zu Fuß und mit Schlittenkajaks von Norden kommend nach Franz Josef Land zu retten. Nansen benennt zwei Inseln nach seiner Frau Eva und seiner Tochter Liv, weiß jedoch weder, wo er sich genau befindet, noch, welches Datum ist. Die beiden Norweger bauen sich am Kap Norwegen auf einer Strandterrasse eine kleine Zelthöhle aus Treibholz, Tierknochen, Walrossfellen und Steinen für eine Überwinterung. Fast acht Monate harren sie in diesem finsteren, rauchigen Notbiwak aus. Am 17. Juni 1896 kommt es dann auf Kap Flora durch Zufall zur legendären Begegnung des kultivierten Gentlemans Frederick Jackson und des beinahe verwilderten Abenteurers: »Sind Sie nicht Nansen?«

1898/1899
Der amerikanische Journalist Walter Wellman plant von Franz Josef Land aus eine Schlittenexpedition zum Nordpol und versetzt dazu eines der Häuser Jacksons von Kap Flora nach Kap Tegetthoff. Evelyn Baldwin bricht mit drei Norwegern und 40 Hunden auf, um im Norden ein Depot einzurichten. Zwei Männer, Paul Bjørvik und Bernt Bentsen, überwintern in der erbärmlichen Behausung am Kap Heller. Nach wochenlanger Krankheit stirbt Bentsen Anfang Januar. Da er den Leichnam nicht sicher vor Eisbären vergraben kann, durchsteht Bjørvik den Polarwinter mit dem Toten neben sich in der Hütte. Ende Februar erreicht Wellman den Außenposten und muss dann am Rande des Archipels aufgeben. Baldwin entdeckt eine große Insel im Nordosten, die nach dem Präsidenten der National Geographic Society, Alexander Graham Bell, benannt wird.

1899/1900
Ludwig Amadeus von Savoyen ist mit 26 Jahren Leiter der ersten italienischen Nordpolexpedition. Fast eisfrei erreicht die *Stella Polare* die Teplitz-Bucht der Insel Rudolf. Da Eispressungen das Expeditionsschiff zur Seite kippen, wird ein Winterquartier an Land eingerichtet. Im März bricht Umberto Cagni mit zehn Männern und 102 Hunden nach Norden auf. Drei Männer einer Unterstützungsgruppe bleiben auf dem Rückmarsch verschollen. Cagni stellt mit 86° 34' Nord einen neuen Breitenrekord auf, bevor er bei –51 °C Lufttemperatur und mit schweren Erfrierungen aufgibt. Er erreicht die *Stella Polare*, die man mithilfe von umgeleitetem Schmelzwasser, Sprengstoff und Muskelkraft vom Eis befreien kann.

1901
Kapitän Støkken sucht mit der *Capella* nach seinem während der italienischen Expedition verschollenen Sohn Henrik und errichtet auf Kap Flora einen Gedenkstein. Admiral Stepan Makarov befährt mit dem weltweit ersten Eisbrecher *Jermak* als erste russische Expedition Franz Josef Land.

1901/1902
Der New Yorker William Ziegler finanziert eine Expedition, um den Nordpol zu erreichen. Expeditionsleiter Evelyn Baldwin richtet auf der Insel Alger ein Winterlager ein. Der Schlittenvorstoß bleibt erfolglos.

1903 – 1905
William Ziegler entsendet eine zweite Expedition unter Anthony Fiala. Die *America* kämpft sich durch schweres Treibeis bis zur Insel Rudolf. Das havarierte und verlassene Expeditionsschiff verschwindet während eines Sturms im Eis. Alle drei Anläufe der Amerikaner, vom Lager in der Teplitz-Bucht zum Pol zu gelangen, scheitern, denn sie kommen nie über Kap Fligely hinaus. Anfang August wird die gesamte Expedition, die auf verschiedene Teile des Archipels verstreut ist, von der legendären *Terra Nova* nach Norwegen gerettet.

1909
Der belgische Marineoffizier und Polarforscher Adrien Gerlache de Gomery begleitet den französischen Herzog Prinz Philipp von Orléans mit der *Belgica* nach Franz Josef Land.

1913/1914
Der russische Offizier Georgij Sedov entdeckt mit der *St. Foka* auf der Insel Hooker die geschützte »Stille Bucht«, wo er überwintert. Besessen davon, den Nordpol zu erobern, bricht Sedov im Februar 1914 mit zwei Begleitern auf, stirbt jedoch unter mysteriösen Umständen auf der Insel Rudolf. Die beiden anderen Seeleute können sich zur *St. Foka* retten.
1914 verlässt Steuermann Valerian Albanov mit zehn Männern, Skiern und Kajakschlitten die seit zwei Jahren im Eismeer driftende *St. Anna* Richtung Franz Josef Land, um einer dritten Überwinterung zu entgehen. Letztlich überleben nur Albanov und ein Matrose den von Katastrophen gezeichneten Weg bis nach Kap Flora, wo sie von der *St. Foka* gerettet werden. Kapitän Isljamov erreicht mit der *Hertha* Kap Flora und erhebt zu Kriegsbeginn erstmals russische Hoheitsansprüche auf den Archipel.

1914 – 1918
Im Ersten Weltkrieg erbeuten norwegische Fangschiffe in den Gewässern Franz Josef Lands dringend benötigte Ressourcen (Walrosse, Robben, Eisbären). Nach dem Ersten Weltkrieg gelangen einige russische Forschungsexpeditionen mit dem Dampfer *Persej* nach Franz Josef Land.

1921
Ein russischer Fischer findet auf Nowaja Semlja eine gestrandete Flaschenpost der österreichisch-ungarischen Nordpolarexpedition, die jahrzehntelang in der Barentssee getrieben ist. In ihr befindet sich Weyprechts Brief der Entdeckung Franz Josef Lands. Der Brief kommt nach Wien, wo er dann leider verloren geht.

1925
Commander Frank Artur Worsley der British Arctic Expedition erreicht mit der *Island* das Kap Barents auf der Insel Northbrook. Worsley war Kapitän auf der *Endurance* während der legendären British Trans-Antarctic Expedition 1914 bis 1917 unter Ernest Shackleton.

1926
Franz Josef Land gilt bislang als Niemandsland, denn Julius Payer hat das Land nie hoheitlich in Besitz genommen. Am 15. April 1926 erlässt die Sowjetunion ein auf der umstrittenen Sektorentheorie basierendes Dekret, das alle Landgebiete zwischen der russischen Küste und dem Nordpol zu ihrem Hoheitsgebiet erklärt. Franz Josef Land wird sowjetisches Territorium. Norwegen protestiert offiziell, aber ohne Erfolg.

1928
Rudolf Samoilovich dampft mit dem Eisbrecher *Krassin* nach Prince-George-Land, errichtet am Kap Neale ein Überwinterungslager und hisst ein sowjetisches Banner aus Metall als Zeichen der Annexion.

1929
Eine norwegische Expedition kann nicht anlanden, um eine Wetterstation aufzubauen und die norwegischen Ansprüche zu festigen. Der sowjetische Eisbrecher *Georgij Sedov* hingegen durchbricht den Packeisgürtel und richtet in der Stillen Bucht, Insel Hooker, die erste Forschungsstation Buchta Tichaja ein, womit der Archipel erstmals besiedelt wird, um Franz Josef Land fester an die Sowjetunion zu binden. Sieben Forscher überwintern, darunter der legendäre Funker Ernst Krenkel, der die nördlichste Funkstation der Erde installiert und einen Weltrekord für Weitverbindungen mit US-Admiral Richard Byrd in der Antarktis aufstellt.

1930
Die Sowjetunion sperrt Franz Josef Land als »unantastbares Gebiet« mit einer Hoheitszone von 12 Meilen. Norwegen protestiert gegen diesen Eingriff in die jahrzehntelangen Besuchs- und Fangrechte. Um den sowjetischen Etablierungsbestrebungen demonstrativ entgegenzutreten, startet Norwegen die *Bratvaag*-Expedition und errichtet auf Prince-George-Land eine kleine Hütte.

1931
Bevor die Sowjetunion Franz Josef Land endgültig abschottet, wassert eine große deutschrussische Expedition mit dem Luftschiff *Graf Zeppelin* unter Kapitän Hugo Eckener und mit Umberto Nobile und Ivan Papanin an Bord in der Stillen Bucht, wo der LZ-127 mit dem russischen Eisbrecher *Malygin* zusammentrifft und Post tauscht. Es gelingen spektakuläre Luftaufnahmen. Intourist will vom aufkeimenden Polartourismus profitieren und verkauft einige Kabinenplätze des Luftschiffes an Touristen.

1932

Die *Malygin* läuft mit zwei deutschen Touristen – *Zeppelin*-Kommandant Bruns und Rechtsanwalt Judesis – Franz Josef Land an. Für das zweite Internationale Polarjahr 1932/33 wird die Station Buchta Tichaja ausgebaut und in der Teplitz-Bucht auf der Insel Rudolf die Forschungsstation Rudolfa eingerichtet. Der deutsche Meteorologe Joachim Scholz nimmt an einer sowjetischen Expedition unter Ivan Papanin teil und führt auf Franz Josef Land luftelektrische Messungen durch. In der Expeditionsmannschaft ist auch ein Altösterreicher, der im Gebiet des heutigen Tschechien geborene Mechaniker Šalomoun.

1933

Die Sowjetunion beginnt mit der umfassenden wissenschaftlichen Erforschung der Inselgruppe mit Ski, Hundeschlitten, Schiffen und mit einem in der Stillen Bucht stationierten Wasserflugzeug. Franz Josef Land wird in den 1930er-Jahren genau vermessen und kartiert. Die 60 ganzjährig auf Buchta Tichaja stationierten Wissenschaftler leisten großartige geophysikalische Grundlagenforschung. Vom 14. April bis zum 6. Mai 1933 durchqueren Jevgeni Fjodorov und Volodja Kunaschov den Archipel von dieser Station durch den Austria-Sund bis zur Station Rudolfa mit Skiern und zwei Hundeschlittengespannen.

1936

Auf Buchta Tichaja werden drei Babys geboren, womit die UdSSR ihren Hoheitsanspruch bekräftigt.

1937

Auf der Inseleiskappe der Insel Rudolf wird eine ganzjährig benutzbare Landepiste für schwere Transportflugzeuge planiert, von der 1937 erstmals Polarforscher Flüge zum Nordpol und nach Alaska wagen. Die heroische Erforschung der Arktis wird unter Josef Stalin propagandawirksam in Szene gesetzt.

1941 – 1945

Nach dem Angriff Hitlers auf die UdSSR 1941 wird die Station Rudolfa geschlossen und die Besatzung der Station Buchta Tichaja bis auf eine kleine Mannschaft abgezogen. Bis zum Ende des Zweiten Weltkrieges erhalten die verbliebenen sieben Männer, die den Wetterdienst fortführen, keinen Nachschub. Nur 100 Kilometer entfernt richtet die deutsche Wehrmacht 1943 auf Alexandra-Land die Wetterstation »Schatzgräber« samt Verteidigungsstellungen ein. Sie muss 1944 wieder aufgegeben werden, da die Mannschaft erkrankt. Die Luftwaffe rettet die Männer in einer spektakulären Aktion. Erst lange nach dem Zweiten Weltkrieg wird die geheime Station von den Sowjets entdeckt.

1947 – 1956

Die Station Rudolfa nimmt als nördlichster Außenposten der UdSSR im Kalten Krieg wieder den Betrieb auf. Auf Alexandra-Land wird 1952 die Wetterstation Nagurskoe und in den 1980er-Jahren die gleichnamige, streng geheime Militär- und Grenzschutzbasis erbaut. Auf der Insel Graham Bell entsteht das Flugfeld Greem-Bell samt Treibstofflager für strategische Bomber. Franz Josef Land dient als unsinkbarer Flugzeugträger und Vorposten gegen die NATO, die das benachbarte Spitzbergen nützt.
Es senkt sich ein Schleier strikter Geheimhaltung über den Archipel. Am 17. September 1952 dringt ein amerikanisches Spionageflugzeug von der Thule Airbase in Nordgrönland in den Luftraum von Franz Josef Land ein. Die Entwicklung der Interkontinentalraketen führt ab 1956 zu einem Wandel der Militärstrategien, der den Ausbau der Luftwaffenbasen auf Franz Josef Land stoppt. Während auf Nowaja Semlja Atommüll entsorgt und Atombomben getestet werden, bleibt Franz Josef Land davon verschont.

1957/1958

Mit dem dritten Internationalen Geophysikalischen Jahr 1957/58 wird auf der Insel Hayes in der Nähe eines Süßwassersees die große Krenkel-Station mit dem hydrometeorologischen Observatorium Drushnaja errichtet. Von der nördlichsten Abschussrampe der Welt für Stratosphärensonden werden Wetterraketen gestartet. Für westliche Forscher bleibt Franz Josef Land weiterhin tabu.

1959

Die Station Buchta Tichaja wird geschlossen.

1967

Aufgrund der Geheimhaltung bleiben wissenschaftliche Erkenntnisse aus Franz Josef Land selbst innerhalb der UdSSR weitgehend unbekannt. 1967 – Frankreich distanziert sich gerade etwas von der NATO – gelingt es französischen Wissenschaftlern, unter strengen Sicherheitsauflagen auf der Krenkel-Station Atmosphärenforschung zu betreiben.

1973

Das Jubiläum »100 Jahre Entdeckung Franz Josef Lands« wird in Österreich groß gefeiert. In der Nationalbibliothek wird eine Ausstellung präsentiert, es erscheinen Gedenkschriften und eine Sonderbriefmarke.

1978

104 Jahre nach dem Rückzug der Österreicher findet eine sowjetische Expedition auf der kleinen Insel Lamont einen eingewickelten Brief von Karl Weyprecht, den dieser 1874 kurz vor der Rückreise nach Europa unter einem Steinhaufen hinterlegt hat. 1980 wird er offiziell an Österreich ausgehändigt.

1979

In Erinnerung an den russischen Polarpionier Sedov führt das sowjetische Frauenteam Mitieliza unter Valentina Kuznetsova eine Skiexpedition von der Krenkel-Station zur Insel Rudolf durch.

1988
Österreichische Forscher scheitern trotz hoher öffentlicher Unterstützung mit ihren Bemühungen, nach Franz Josef Land zu reisen und eine Gedenktafel anzubringen.

1990
Glasnost bringt politische Frühlingsstimmung nach Franz Josef Land. Erstmals dürfen einige Norweger und Polen im Rahmen einer sowjetischen Forschungsexpedition und auch Touristen mit dem Atomeisbrecher *Rossija* auf dem Weg zum Nordpol Franz Josef Land bereisen.

1991
Russische Forschungsschiffe werden kommerziell eingesetzt. Mit dem Zerfall der Sowjetunion wird es für Forscher und Touristen, darunter den Salzburger Geografen Heinz Slupetzky, wieder möglich, Franz Josef Land zu besuchen. Der deutsche Seemann Arved Fuchs erreicht mit der *Dagmar Aaen* Franz Josef Land. Russen und Amerikaner führen eine gemeinsame Amateurfunkerexpedition zur Krenkel-Station durch.

1992
Der Atomeisbrecher *Yamal* geht in Dienst. Er wird auch für touristische Polarkreuzfahrten zum Nordpol eingesetzt und läuft Orte wie Kap Flora, Kap Tegetthoff oder die Stille Bucht an. Der ORF unternimmt eine Erkundungsexpedition.

1993 und 1994
Im Frühjahr 1993 marschieren die Norweger Borge Øusland und Agnar Berg von Nansens Winterlager über das Festeis bis Alexandra-Land, scheitern dann aber beim Versuch, Spitzbergen zu erreichen. Im Sommer 1993 und im Winter 1994 führt der ORF die aufwendigen Filmexpeditionen »Arktis Nordost« durch. Auf der Insel Ziegler wird das Hauptlager eingerichtet und ein maßstabsgetreues Modell der *Tegetthoff* als Filmkulisse aufgebaut.

1994
Franz Josef Land wird als Semlja Frantsa Josifa Sakasnik unter Schutz gestellt und ist mit einer Gesamtfläche von 42 000 km² einschließlich seiner Gewässer das größte maritime Naturreservat der Arktis. Im August forscht eine italienische Expedition der Associazione Grande Nord auf den Spuren des Herzogs der Abruzzen.
Russland kann seine kostspieligen Stationen im höchsten Norden nicht mehr erhalten. Das Militärflugfeld Greem-Bell wird 1994, die Station Rudolfa 1995 geschlossen.

1995 und 1996
Österreichische Wissenschaftler können das verbliebene ORF-Lager auf der Insel Ziegler als Basis für naturwissenschaftliche Forschung nutzen. Bundesheeroffiziere des »Payer-Weyprecht-Jahrgangs« errichten auf Kap Tegetthoff eine Gedenktafel. Österreich, das in der Antarktis keine Forschungsstation betreibt, zeigt Interesse, wissenschaftlich in die Arktis zu investieren. Es gibt ambitionierte Pläne, eine Polarforschungsstation zu errichten.

1997
Nach nur sieben Jahren der Öffnung gibt es ab 1997 keine Einreisegenehmigungen für ausländische Expeditionen mehr. Nur einige touristische Polarkreuzfahrten mit Eisbrechern werden noch geduldet.

2000
Die legendäre Krenkel-Station muss vorübergehend ihren Betrieb einstellen, wird aber 2004 wieder mit einer Handvoll Idealisten besetzt und reaktiviert.

2005
Als erste ausländische Expedition seit 1996 erhält die »Payer-Weyprecht-Gedächtnisexpedition 2005« eine Sondergenehmigung, den Spuren Julius Payers zu folgen und den Archipel vom 29. April bis 23. Mai 2005 frei und zu Fuß zu durchqueren. Ein deutsches TV-Team kann im Sommer an Bord eines Versorgungsschiffs unter strenger Bewachung die Krenkel-Station kurz besuchen, wird aber von anderen Orten abgewiesen.

2007
Der Norweger Borge Øusland und der Schweizer Thomas Ulrich folgen im Juni vom Nordpol kommend der Route Fridtjof Nansens im Kajakschlitten. Doch auch im vierten Internationalen Polarjahr 2007/2008 wird einer internationalen Forschungsexpedition, der österreichische Wissenschaftler angehören, die Einreise nach Franz Josef Land verwehrt.

Zum Weiterlesen

Fachliteratur

BARR, S. (Hrsg.), H. SLUPETZKY et al. (1995): Franz Josef Land. Polarhåndbok, Nr. 8. Oslo

GJERTZ, I., B. MORKVED (1993): Results from scientific cruises to Franz Josef Land. Reihe: Meddelelser, Bd. 126. Oslo

HAMANN, G. (1975): Das Zeitalter Kaiser Franz Josefs im Spiegel der Topographie des Franz Josef Landes. In: Publikationen aus dem Archiv der Universität Graz, Beiträge zur Allgemeinen Geschichte, Bd. 4., S. 139–151

HAMANN, G. (1983): Die Geschichte der Entdeckung des Franz-Josef-Landes. Ein Kapitel altösterreichischer Naturforschung. In: 100 Jahre Polarforschung, Wien, S. 21–30

HORN, G. (1930): Franz Josef Land. Natural History, Discovery, Exploration and Hunting. In: Skrifter om Svalbard og Ishavet, Nr. 29. Oslo

IPCC (2007): Climate Change 2007: The Physical Science Basis. Paris

KOSTKA, R. (1997): Franz Josef Land. Studien zur Kartographie des nördlichsten Archipels Europas. In: MÖGG, 139. Jg., S. 313–326

KRISCH, G. (1997): Der geographische und naturwissenschaftliche Kenntnisstand über das Franz-Josef-Land von der 2. Hälfte des vorigen Jahrhunderts bis heute. Diplomarbeit. Salzburg

SHAROV, A. (2005): Studying changes of ice coasts in the European Arctic. In: Geo-Mar 25, S. 153–166

SLUPETZKY, H. (1992): Forschungsprojekt Franz Joseph Land. In: MÖGG, 134. Jg., S. 277–280

SLUPETZKY, H., et al. (1994): Ein Dokument zur Entdeckung des Franz Josef Landes 1873. In: MÖGG, 136. Jg., S. 283–290

Historische Literatur

BROSCH, G. (1900): Prof. Nansen und Payer's Karte von Franz Josef Land. In: Mitteilungen der K. K. Geographischen Gesellschaft in Wien, Bd. 43, S. 15–24

BRÜCKNER, E. (1921): Eine Flaschenpost vom »Tegetthoff«. In: Mitteilungen der Geographischen Gesellschaft Wien, S. 44–47

CHAVANNE, J. (1874): Die Nordpolfrage und die Ergebnisse der zweiten Österr.-Ungar. Nordpolar-Expedition. In: PGM, Bd. 20, S. 421–425

HALLER, J. (1873): Handschriftliches Originaltagebuch vom 13. Juni 1872 – 17. Mai 1874

KRISCH, A. (1875): Tagebuch des Nordpolfahrers Otto Krisch, Maschinisten und Offiziers der zweiten österr.-ungar. Nordpol-Expedition. Aus dem Nachlasse des Verstorbenen herausgegeben von seinem Bruder Anton Krisch. Wien

LITTROW, H. (1874): Über die Mannschaft der 2. Österr.-Ungar. Nordpolar-Expedition. In: PGM, Bd. 20, S. 392

OREL, E. (1874): Tagebuch des Schiffsfähnrichs Eduard Orel, 20. Mai – 10. September 1874. Abschrift des Heeresgeschichtlichen Museums 20.3.1961. Wien

PAYER, J. (1874): Die zweite Österr.-Ungar. Nordpolar-Expedition unter Weyprecht und Payer, 1872/74. K. K. Ober-Lieutenant J. Payer's offizieller Bericht an das Comité, d. d. September 1874. In: PGM, Bd. 20, S. 443–451

PAYER, J. (1876): Die österreichisch-ungarische Nordpolexpedition in den Jahren 1872 – 1874 nebst einer Skizze der 2. deutschen Nordpol-Expedition 1869–1870 und der Polar-Expedition von 1871. Wien

PAYER, J. (1878): L'Expédition du Tegetthoff. Voyage de Découvertes aux 80–83 Degrés de Latitude Nord. Paris

PETERMANN, A. (1874): Die zweite Österreichisch-Ungarische Nordpolar-Expedition unter Weyprecht und Payer, 1872/4. In: PGM, Bd. 20, S. 381–392

PETERMANN, A. (1876): Die Entdeckung des Franz Josef-Landes durch die zweite Österr.-Ungar. Nordpolar-Expedition, 1873 und 1874. In: PGM, Bd. 22, S. 201–209

WEYPRECHT, C. (1874): Die zweite Österr.-Ungar. Nordpolar-Expedition unter Weyprecht und Payer, 1872/74. K. K. Schiffs-Lieut. C. Weyprecht's offizieller Bericht an das Comité, d. d. 12. Sept. 1874. In: PGM, Bd. 20, S. 417–425

WEYPRECHT, K. (1874): Tagebuch 15. Mai bis 3. September 1874, Kriegsarchiv Wien

WEYPRECHT, K. (1879): Die Metamorphosen des Polareises. Oesterr.-Ungar. Arktische Expedition 1872–1874. Wien

Zeitgenössische Literatur

BENESCH, K. (1967): Nie Zurück! Die Entdeckung des Franz-Josephs-Landes. Wien u. München

HALLER, F. (1959): Johann Haller (aus St. Leonhard in Passeier). Erinnerungen eines Tiroler Teilnehmers an Julius v. Payer's Nordpol-Expedition 1872/74. Innsbruck

HEERESGESCHICHTLICHES MUSEUM (1996): Die Schrecken des Eises und der Finsternis. Österreich und die Arktis. Katalog zur Sonderausstellung im Heeresgeschichtlichen Museum. Wien

HENZE, D. (2000): Payer, Julius von. In: Enzyklopädie der Entdecker und Erforscher der Erde, Bd. 4, Graz, S. 43–61

MÜLLER, M. (1956): Julius von Payer. Ein Bahnbrecher der Alpen- und Polarforschung und Maler der Polarwelt. Stuttgart

ÖSTERREICHISCHE NATIONALBIBLIOTHEK (1973): 100 Jahre Franz Josefs-Land. Wien

REICHHARDT, E. (1973): Das Tagebuch des Maschinisten Otto Krisch. Österreichisch-ungarische Nordpolexpedition 1872–74. Wien u. Graz

RANSMAYR, C. (1984): Die Schrecken des Eises und der Finsternis. Wien

STRAUB, H. (1990): Die Entdeckung des Franz Joseph Landes. K. u. K. Offiziere als Polarforscher. Graz

Expeditionen nach Franz Josef Land
ALBANOV, V. (2002): Im Reich des weißen Todes. Berlin

FJODOROV, I. (1986): Aus meinen Polartagebüchern. Leipzig

JACKSON, F. (1899): A Thousand Days in the Arctic. London

MESSNER, R. (1996): Nie zurück. Nordpol, Mount Everest, Südpol. 3 Fluchtpunkte. München

NANSEN, F. (1897): In Nacht und Eis. Die Norwegische Polarexpedition 1893–1896. Leipzig

PINEGIN, N. W. (1954): Aufzeichnungen eines Polarforschers. Leipzig

SAVOYEN, L. A. von, Herzog der Abruzzen (1903): Die »Stella Polare« im Eismeer. Erste italienische Nordpolexpedition 1899–1900. Leipzig

SELINGER, F. (2001): Von »Nanok« bis »Eismitte«. Meteorologische Unternehmungen in der Arktis 1940–1945. Hamburg

Filme
ORF (1996): Universum Arktis Nordost, Regie: H. Voitl, E. Guggenberger

ORF (2003): Die Eisfalle. Die arktische Odyssee der Tegetthoff. Regie: H. Voitl, E. Guggenberger

Karten
COPELAND, R. (1897): A Revised Map of Kaiser Franz Josef Land based in Oberlieutenant Payer's Original Survey. In: The Geographical Journal, Nr. 10

KOSTKA, R., H. KROTTENDORFER, A. SHAROV (1996): Franz Josef Land Archipelago, Russian Arctic

PETERMANN, A. (1875): Originalkarte der Eistrift der Österr.-Ungar. Expedition unter Weyprecht und Payer. In: PGM, Bd. 21

PETERMANN, A. (1876): Endgültige Karte von Franz Josef Land entdeckt von der 2. Österr.-Ungar. Nordpolar-Expedition 1873 & 1874, aufgenommen von Julius Payer. In: PGM, Bd. 22

PETERMANN, A. (1877): Originalkarte der Rückreise der Österr.-Ungar. Expedition Mai–August 1874. In: PGM, Bd. 23

PGM = Petermanns Geographische Mitteilungen
MÖGG = Mitteilungen der Österreichischen Geographischen Gesellschaft

Eine ausführliche Literaturliste des Autors zu Franz Josef Land ist beim Verlag erhältlich.

Dank

Allen, die an die Idee der Expedition geglaubt, sie ideell, finanziell oder materiell unterstützt und sich für ihre Durchführung eingesetzt haben, sei herzlichst gedankt.

Die Expeditionsmitglieder
Meinen Partnern Robert Mühlthaler, Dr. Viktor Bojarski, Dr. Nikita Ovsianikov und dem Samojeden Nanuk für ihren starken Einsatz und Teamgeist während der Expedition.

Die offiziellen Stellen
Herrn Bundespräsident Dr. Heinz Fischer gilt besonderer Dank für den Ehrenschutz der Expedition, die Kontaktnahme mit Präsident Putin, den Empfang in der Hofburg und seine Wertschätzung der historischen und modernen Polarexpedition. Präsident Wladimir Putin, dass er der Expedition wohlwollend gegenüberstand. Den russischen Militär- und Sicherheitsbehörden, die eine Sondereinreisegenehmigung gewährten. Dr. Artur Chilingarov (Vizepräsident der Duma und Präsident der Association of Polar Explorers) für seinen enormen Einsatz, der Expedition zum Durchbruch zu verhelfen, seine logistische Unterstützung und seine Besuche in Österreich. Bundeskanzler Dr. Wolfgang Schüssel für die Gespräche in Moskau und die Unterstützung durch das Bundeskanzleramt. Botschafter Dr. Stanislav Osadchy und Botschaftsrat Dr. Viktor Koslikin (Botschaft der Russländischen Föderation) für die sehr bemühte Zusammenarbeit. Den Botschaftern Dr. Franz Cede und Dr. Martin Vukovich, dem Gesandten Dr. Georg Heindl und Botschaftssekretär Dr. Wolfgang Renezeder (Botschaft der Republik Österreich) für ihre über Jahre hinweg freundlichen Bemühungen und die Empfänge. Botschafter Dr. Alexander Grubmayr und Dr. Elfi Thiemer für die freundlichen Kontakte in der Bundespräsidentschaftskanzlei. Landeshauptmann DDr. Herwig van Staa und Sport-Landesrat Hannes Gschwentner für die ideelle Unterstützung und den Verabschiedungsempfang des Landes Tirol sowie HR Prof. Mag. Friedl Ludescher für sein verständnisvolles Entgegenkommen.

Die Hauptsponsoren
Dr. Helga Luczensky und Dr. Alois Schittengruber (Bundeskanzleramt), BM Mag. Leopold Guggenberger (Payer-Weyprecht- Polarforschungsfonds), Walter Drewes (Megaboard), Markus Trummer (Sigma Technologies), Anatoly Kuznetsov, Sergei Artakhov und Hans Stohs (Korston Hotel & Casino Moskau), Gennadin S. Aiwasjan (Krutrade AG Austria), Dipl.-Ing. Nematollah Farrokhnia (Strabag), Mag. Peter Remesch (Synergis) und Dr. Yuri Sychev (Polarfoundation) für die großzügige Unterstützung.

Die Mentoren und wissenschaftlichen Berater
Reinhold Messner, Robert Renzler (Oesterreichischer Alpenverein), Prof. Dr. Helmut Pechlaner (WWF Österreich), Univ.-Prof. Dr. Bernd Lötsch (Naturhistorisches Museum Wien), HR Dr. Manfred Rauchensteiner (Heeresgeschichtliches Museum Wien), Univ.-Prof. Dr. Roland Psenner (Universität Innsbruck), Univ.-Prof. Dr. Robert Kostka (Universität Graz), Univ.-Prof. Dr. Ingrid Kretschmer (Österreichische Geographische Gesellschaft), Brigadier Ernst Konzett (Bundesheer 6. Jägerbrigade), Univ.-Ass.-Prof. Dr. Birgit Sattler (Payer-Weyprecht-Gesellschaft) und Martin Meister (GEO) für ihre Identifikation mit der Expeditionsidee und ihre Unterstützung. Univ.-Prof. Dr. Wolfram Richter (Universität Wien) für die starke und emotionale Unterstützung, die gemeinsamen Erkundungstouren auf Franz Josef Land und die Untersuchung der Steinkugel vom Kap Triest mit einem Elektronenmikroskop. Univ.-Prof. Dr. Heinz Slupetzky (Universität Salzburg) für wertvolle Informationen und Dokumente. Dr. Lars Kaleschke (Univer-sität Bremen) für aktuelle Satellitenbilddaten der Meereisverteilung und Dr. Karl Gabl (Zentralanstalt für Meteorologie und Geodynamik Innsbruck) für die Prognosen. Dr. Aleksey Sharov (Joanneum Research Graz) für Fernerkundungsdaten, Dr. Franz Meyer (Universität München) für die glaziologischen Erkenntnisse, Dr. Gunnar Spreen (Universität Hamburg) für die Informationen zum Meereis, Dr. Konrad Pagitz (Universität Innsbruck) für die Informationen zu den gesammelten Flechtenproben, Dr. Ingo Harms (Universität Hamburg) für die Informationen zur Radioaktivität, Dr. Georg Kaser (Universität Innsbruck) für die Erkenntnisse des IPCC-Weltklimareports sowie Dr. Susan Barr (International Polar Heritage Committee), Dr. Jörg-Friedhelm Venzke (Universität Bremen), Dr. Reinhard Krause (Alfred-Wegener-Institut für Polar- und Meeresforschung), Magnus Forsberg und Enrico Mazzoli für historische Detailinformationen. Dr. Cornelia Bockrath und Mag. Elisabeth Grabner (Landesmuseum Kärnten) für das Ölgemälde Adolf Obermüllners. Kriminaloberkommissarin Sabine Hamm (Bundeskriminalamt Wiesbaden) und Reinhard Huxmann (Deutsches Schifffahrtsmuseum Bremerhaven) für das historische Schriftstück von der Insel Wilczek. Meinem Lektorkollegen Prof. Mag. Sepp Friedhuber, für die anregenden Fachgespräche auf der *Kapitan Dranitsyn* und die Bestimmung der abgebildeten Pflanzen.

Die technischen Sponsoren
Activmed, Ajungilak, Arctel, Austrialpin, Austrian Airlines, Baffin, Edelweiss, Energizer, Eska, Fjällräven, Garmin, Gebrüder Weiss, Hatzl Karosserie, Helly Hansen Workwear, Hilti, Intersport Okay, Komperdell, Kürschnerei Hager, Millet, M-Preis, MSR, Nikon, Ortovox, Österreichisches Bundesheer 6. Jägerbrigade, Outdoor Research, Scott, SmartSatCom, Sony, The North Face, Thermarest, Tiroler Landesreisebüro, Tirol Werbung, VauDe und VICAAR für ihre technische Beratung, hochwertige Produkte oder wertvolle Dienstleistungen.

Großer Dank gilt auch
Ganz besonders Gerhard Gritzner (Strabag) für sein persönliches Engagement in Moskau, seinen Optimismus, seine unglaubliche Energie und Begeisterung, scheinbar unlösbare Probleme in Angriff zu nehmen und die Idee der Expedition mit Pioniergeist voranzutreiben. Alexander Orlov (Polus Center) und Konstantin Zaytsev (Center for Polar Research) für die logistische Unterstützung. Chefpilot Vadim Bazykin für seine couragierte Landung und die spektakulären Flüge mit seinem MI-8-MTV-Hubschrauber. Den Besatzungen der Antonov-74 und der MI-8-Hubschrauber, die uns sicher nach, in und von Franz Josef Land transportierten. Der Mannschaft der Polarstation Nagurskoe, die uns freundlich aufnahm, unterstützte und verköstigte. Tatjana Piroshkova und Mag. Christine Helmberger für die Dolmetscherarbeiten in Moskau und Wien. Josef Hager und Christoph Hager für die Pelze aus Kanada und die professionelle Bestückung unserer Polaranoraks. Sabine Perl für die Näharbeiten an der Polarausrüstung. Hubert Hortschitz für die durchdachte Konstruktion des Eisbärzaunes. Direktor Josef Margreiter (Tirol Werbung) für die Finanzierung sowie der Glockengießerei Grassmayr, insbesondere Herlinde Unterberger, Alois Klingenschmid, Josef Haider und Ramazan Sertkaya für die kunstvolle Gestaltung der Bronzegedenktafel am Kap Tirol. Claus Peter Lieckfeld für die erfrischenden Gespräche und die gemeinsame Aufarbeitung der Erlebnisse. Martin Engelmann für die Expeditionswebsite. Herta Haller (Enkelin von Johann Haller, Obsteig), Renate Orel (Urenkelin von Schiffsfähnrich Orel, Axams) und Birgit Payer (Urenkelin von Julius Payer, Wien) für die freundlichen Erzählungen, die Ölgemälde von Eduard Orel und die wertvollen Hintergrundinformationen über ihre Vorfahren. Hubert Stecher für seine umfangreiche, unveröffentlichte Biografie über Johann Haller und die Übertragung der Briefe von Julius Payer. Den zahlreichen unerkannten Mitarbeiterinnen und Mitarbeitern in den diversen Stabsstellen, Institutionen und Firmen, die mit ihrer Arbeit die Expedition ermöglichten. Helmut Voitl und Dr. Elisabeth Guggenberger sowie Bergführer Ignaz Gruber für die Möglichkeit zur Teilnahme an den ORF-Expeditionen »Universum Arktis Nordost« 1993 und 1994. Generaldirektor Alexej Mironov von *Poseidon Arctic Voyages* dafür, 2006 als Lektor an Bord des Eisbrechers *Kapitan Dranitsyn* Franz Josef Land bereisen zu können. Zur Buchproduktion Monika Thaler, Gert Frederking und Ute Heek (Verlag Frederking & Thaler) für ihr Interesse, Stefan Vogt und Viola Müller (Wunderamt) und Karlheinz Rau für ihr Einfühlungsvermögen sowie Prof. Dr. Theo Schäfer und ganz herzlich Anett Schwarz (Verlag Frederking & Thaler) für ihr engagiertes Lektorat und ihre große Geduld.

Und natürlich
Meiner Familie, die mich nicht nur auf die Expedition gehen, sondern mir auch geduldig Freiraum für die zeitaufwendigen Vor- und Nachbereitungen ließ.

In memoriam
Bundespräsident Dr. Thomas Klestil, der am 6. Juli 2004 starb. Er griff 2001 die Idee einer »Payer-Weyprecht-Gedächtnisexpedition« auf und brachte dazu die ersten Steine auf diplomatischer Ebene ins Rollen.
Univ.-Prof. Dr. Andreas Erhard, der am 22. April 2006 bei einem tragischen Lawinenunfall tödlich verunglückte. Er bekräftigte meine Teilnahme an den ORF-Expeditionen und beeinflusste als Doktorvater und auf zahlreichen Skitouren mein Weltbild.

Fotografie
Ich vertraue bei meinen Expeditionen auf hochwertige Geräte von Nikon:
Kameras: FE2, F100, FM3A, D200
Objektive: AF: 10,5 mm/2,8 ED Fisheye; 55 mm/2,8 Makro; 17–35 mm/2,8 ED; 28–70 mm/2,8 ED; 70–200 mm/2,8 ED; 400 mm/2,8 ED;
MF: 24 mm/2,8; 50 mm/1,4; 85 mm/2; 135 mm/2,8
Blitz: SB-800

Bilder am Anfang des Buches:
Satellitenbild von Franz Josef Land, April 2005
Wasserhimmel am Kap Schrötter
Robert inspiziert einen Eisberg.
Am Kap Tirol

Bildnachweis:
Alle Fotografien stammen vom Autor außer:
Mit freundlicher Genehmigung der Österreichischen Präsidentschaftskanzlei: S. 9
Robert Mühlthaler: Cover, S. 2, 49 (1. Reihe li.), 61, 65 (3. Reihe), 70, 74 li., 75, 78 o., 80, 82, 83, 104 (4. Reihe), 108, 109, 112, 116 o., 119, 125, 139 re., 142, 152, 183 (2. Reihe, 4. Reihe li.)
Weitere Abbildungen:
Mit freundlicher Genehmigung von Dr. Lars Kaleschke, Institut für Umweltphysik der Universität Bremen (2005): Satellitenbild vor S.1
Mit freundlicher Genehmigung von Herta Haller: Payers Brief auf Cover, Vor- und Nachsatz, S. 13 außer letzte Reihe, 18/19, 183 linke Spalte oben
ÖNB/Wien Pf 273: B(1) und Pf 39085: B(1): S. 13 Porträts von Haller und Klotz
Mit freundlicher Genehmigung von Renate Orel: S. 44
Mit freundlicher Genehmigung des Landesmuseums Kärnten: S. 46
GEO, Hamburg, Thomas Wachter: S. 50/51
Mit freundlicher Genehmigung von Univ.-Prof. Dr. Robert Kostka (1997): Karte S. 180/181

Die Karte von August Petermann stammt aus dem Jahre 1876: S. 43
Die Stiche im historischen Teil und die Karte auf S. 14/15 wurden den Büchern von Julius Payer *Die österreichisch-ungarische Nordpolexpedition in den Jahren 1872–1874*, Wien 1876, und *L'Expédition du Tegetthoff. Voyage de Découvertes aux 80 – 83 Degrés de Latitude Nord, Paris 1878,* entnommen.

Die Deutsche Bibliothek verzeichnet diese Publikation in der Deutschen Nationalbibliografie; detaillierte bibliografische Daten sind im Internet über http://dnd.ddb.de abrufbar.

Copyright © 2007 Frederking & Thaler Verlag GmbH, München
www.frederking-thaler.de

Alle Rechte vorbehalten

Text: Dr. Christoph Höbenreich
Mit einem Vorwort von Dr. Heinz Fischer,
Bundespräsident der Republik Österreich

Lektorat: Dr. Theo Schäfer, Wien
Layout, Umschlaggestaltung u. Satz: Wunderamt, München
Herstellung: Verlagsservice Rau, München
Reproduktion: Reproline Genceller, München
Druck und Bindung: Passavia Druckservice, Passau

Printed in Germany

ISBN 978-3-89405-499-1

Der ganze oder teilweise Abdruck und die elektronische oder mechanische Vervielfältigung gleich welcher Art sind nicht erlaubt. Abdruckgenehmigungen für Fotos und Text in Verbindung mit der Buchausgabe erteilt der Frederking & Thaler Verlag.